이 책은 팬데믹으로 인해 어려움을 겪고 있는 많은 그리스도인들에게 룻기를 통한 하나님의 위로를 전합니다. 사사시대라는 어두운 상황에서도 룻이라는 한 여인을 부르시고 그에게 '믿음'과 '소망'을 주신 하나님은 보아스라는 한 남자를 통해 '헤세드의 사랑'을 보여 주셨습니다. 상실에 빠졌던 인생이 그 사랑 안에서 다시 채움을 향해 나아갈 수 있었습니다. 이 아름다운 이야기에서 우리는 언제나 신실하게 주님을 붙드는 사람을 통해 구원의 역사를 새롭게 펼쳐 나가시는 '언약의 하나님'을 만나게 됩니다. 어려운 시대일수록 주님의 백성들에게 회복에 대한 확신과 섬김에 대한 도전이 더욱 필요하다는 사실도 알게 됩니다. 성실하고 꼼꼼한 본문 주해와 성경 전체를 관통하는 복음의 메시지가 잘 드러나고 있습니다. 힘든 시기를 지나고 있는 우리 시대의 모든 교회와 성도들에게 이 책을 권합니다.

이찬수 분당우리교회 담임목사

오늘 같은 시기에 강력하게 추천하고 싶은 책입니다. 저자는 룻기 본문을 (단순히 기술하는 게 아니라) 신학적/주해적으로 치밀하게 탐구하면서 '하나님을 구원자로 여기는' 신앙의 백성들이 어떻게 살아야 하는지, 아니 어떻게 살아낼 수 있는지를 말합니다. 언약의 하나님이 어떤 일을 하시는지 강조하고 성도들을 위로하면서, 또한 언약 백성들이 고통받는 이웃을 위해 무엇을 할 수 있는지도 설득력 있게 제시합니다. 오직 전능한 구원자를 가진 사람들만이 암흑 가운데서도 소망을 볼 수 있기 때문입니다. 당신이 이 혼란한 시대 가운데서 계속 "어떻게 해야 하는지" 고민만 하며 방황하고 있다면, 이 책을 통해 유일하신 구원자를 찾으라고 권하고 싶습니다.

이정규 시광교회 담임목사

룻기, 상실에서 채움으로

룻기, 상실에서 채움으로

초판 1쇄 • 2020년 10월 20일
초판 4쇄 • 2022년 4월 10일

지은이 • 우병훈
펴낸이 • 신은철
펴낸곳 • 좋은씨앗
출판등록 • 제4-385호(1999. 12. 21)
주소 • 서울시 서초구 바우뫼로 156, 402호
영업부 • TEL (02)2057-3041 FAX (02)2057-3042
대표메일 • good-seed21@hanmail.net
페이스북 • www.facebook.com/goodseedbook

ISBN 978-89-5874-345-3 03230

ⓒ 우병훈 2020

이 책의 저작권은 저자 및 저자와 독점계약한 도서출판 좋은씨앗에 있습니다.
저작권법에 의하여 보호받는 저작물이므로 무단 전재와 무단 복제를 금합니다.

룻기, 상실에서 채움으로

우병훈

언약적 맥락,
역사적 고찰,
그리스도 중심,
교회 중심의
룻기 설교

좋은씨앗

차례

들어가며 9

1. 베들레헴을 떠난 엘리멜렉과 나오미(1:1-14) 15

2. 아브라함 언약과 룻의 신앙(1:6-18) 39

3. 룻의 신앙과 하나님(1:16-18) 57

4. 나오미에서 마라로(1:19-22) 75

5. 하나님의 날개 아래서 보호하심(2:1-13) 85

6. 기업 무를 자(2:14-23) 111

7. 일생일대의 결단(3:1-18) 127

8. 내 믿음이 하나님의 역사에 연결될 때(4:1-15) 147

9. 쉬지 않으시는 하나님(4:16-22) 167

참고문헌/추천도서 182

들어가며

사사시대라는 어두운 시대적 배경 속에서 룻기는 유난히 밝게 빛나는 진주와 같습니다.[1] 사사시대는 이스라엘 역사 가운데 가장 암울한 시기였습니다. "사람마다 자기 소견에 옳은 대로 행하였더라"(삿 17:6)는 한 문장으로 사사시대를 요약할 수 있습니다.

이 암울한 시대 한가운데 룻이라는 여인이 살았습니다. 그녀의 삶도 예외가 아니었고, 기근과 죽음이라는 불가항력적인 어려움을 겪으면서 어떻게든 목숨을 부지해

---

1 John W. Reed, "Ruth," in *The Bible Knowledge Commentary: An Exposition of the Scriptures*, ed. J. F. Walvoord and R. B. Zuck, vol. 1 (Wheaton, IL: Victor Books, 1985), 415.

야 하는 형편이었습니다. 그런 상황에서 모압 여인이라는 이방인의 삶으로 돌아가는 것은 룻에게 인간적으로나 현실적으로나 좀 더 합리적인 선택지처럼 보였습니다. 그러나 룻은 그보다 훨씬 더 힘들고 어려워 보이는 길을 선택했습니다. 시어머니 나오미를 따라 낯선 사람들 틈에서 살기로 한 것입니다. 믿음의 눈으로 볼 때, 그것은 언약 백성으로 하나님 앞에서 살기로 결단한 것이었습니다. 고통과 절망에도 불구하고 하나님만을 의지하여 사랑과 믿음 안에서 살아가기로 한 것입니다.

하나님을 선택한 룻을 위해, 하나님은 보아스라는 한 남자를 통해 그녀에게 새로운 인생을 허락하셨습니다. 룻을 통해 구원의 역사가 이어지는 은혜를 베푸셨습니다. 룻기가 아름다운 까닭은 '믿음'과 '사랑'이 절망을 극복할 수 있는 '소망'을 가져다준다는 인생의 진리를 우리에게 조용히 그러나 확실하게 보여 주기 때문입니다.

지금 우리는 코로나 바이러스(COVID-19)로 인해 전례 없이 힘든 시기를 보내고 있습니다. 이미 주어진 인생의 짐만 해도 벅찬데, 거기에 세계적인 전염병까지 더해져 삶의 무게가 더욱 무거워진 시대를 살고 있습니다.[2] 하지만 이러한 시기에도 우리를 향한 하나님의 뜻은 변치 않습니다. 그것은 사랑이며 자비입니다. 19세기의 위대한 설교자 찰스 스펄전은 "하나님의 손을 찾지 못할 때에는 그분의 마음을 신뢰해야 한다"고 말했습니다.[3] 이 책을 통해 어려운 시대에도 여전한 하나님의 본심(本心)을 알아 가면 좋겠습니다(애 3:33 참조).

룻기에 관한 책들은 이미 여러 권이 나와 있지만, 이 책만이 가진 몇 가지 특징이 있습니다.

첫째, 이 책은 룻기를 '언약의 관점'에서 살펴봅니다. '언약'이란 복과 사명을 주기 위해 하나님께서 신자 및 신자의 자녀들과 맺으신 연합의 약속입니다. 성경 전체에서 하나님은 그분의 백성을 언약 관계 속에서 만나십니다. 구약성경에 나오는 여러 언약 중에서도 가장 중요한 두 언약

---

[2] 데이빗 플랫 목사는 "팬데믹 가운데 평화"라는 제목의 설교에서, 지금 우리가 처한 상황을 짐이 가득 찬 배낭에 또 다른 짐을 더 넣어야 하는 모습으로 묘사하고 있다. https://radical.net/sermon/peace-in-the-middle-of-a-pandemic-part-1/ (2020. 9. 22. 접속)

[3] Vernon Brewer, *Why? Answers to Weather the Storms of Life* (Forest, VA: WH Press, 2006), 33에서 재인용.

이 있습니다. 바로 아브라함 언약과 모세 언약입니다. 룻기는 이 두 언약의 틀 속에서 바라볼 때 가장 잘 이해할 수 있습니다. 이 책은 그러한 관점을 시종일관 견지하고자 합니다.

둘째, 이 책은 '역사적 관점'을 유지하고자 합니다. 여기서 역사적 관점이란, 룻기의 배경이 되는 사사시대를 고려한다는 뜻입니다. 이 책은 룻기를 사사시대와 사무엘 시대를 연결하는 하나의 중요한 고리로 파악하고 있습니다. 동시에 이 책이 말하는 역사적 관점이란, 구원의 역사적 관점을 뜻합니다. 룻기를 단순히 구약의 한 책으로만 보지 않고 신약시대까지 이어지는 메시지를 담고 있는 책으로 보고자 합니다.

셋째, 이 책은 '그리스도 중심, 교회 중심의 관점'을 견지합니다. 교부와 종교개혁자들은 성경 주석에서 '그리스도 중심의 성경 해석'을 중요시했습니다. 그들은 구약의 모든 책들이 그리스도를 향해 빛을 비춰 주고 있다고 보았습니다. 또한 그들은 구약성경을 신약 '교회'에 교훈을 주는 책으로 읽었습니다. 저 역시 이 책에서 이 두 가지 관점을 최대한 반영하고자 했습니다. 아울러 구속사적 관점과 그리스도 중심, 교회 중심의 관점이 매우 긴밀하게 연결되어 있음을 보여 주고 싶습니다.

넷째, 이 책은 '히브리어 어휘와 문법' 연구를 반영합니다. 충실한 원어 연구 없이 올바른 해석이 나오기는 어렵습니다. 저는 때로는 개인적으로, 때로는 제자들과 함께 룻기를 히브리어로 읽으면서 원전이 주는 힘과 아름다움, 뉘앙스와 묘미를 느낄 수 있었습니다. 그중에 본문 해석에 도움이 되는 요소들을 이 책에 반영했습니다.

이 작은 책을 통해 '믿음'과 '사랑'의 마음이 회복되어, '소망'의 한줄기 빛이 팍팍한 우리 삶 속에 비치기를 바랍니다. 룻의 인생에서 그러하셨듯이 하나님께서 우리의 삶도 상실에서 채움으로 옮겨 주시기를 기도합니다.

푸른 하늘과 넓은 바다가 내려다보이는
봉래산 자락에서, 2020년 가을
우병훈

1
베들레헴을 떠난 엘리멜렉과 나오미

룻기 1:1-14

¹ 사사들이 치리하던 때에 그 땅에 흉년이 드니라 유다 베들레헴에 한 사람이 그의 아내와 두 아들을 데리고 모압 지방에 가서 거류하였는데 ² 그 사람의 이름은 엘리멜렉이요 그의 아내의 이름은 나오미요 그의 두 아들의 이름은 말론과 기룐이니 유다 베들레헴 에브랏 사람들이더라 그들이 모압 지방에 들어가서 거기 살더니 ³ 나오미의 남편 엘리멜렉이 죽고 나오미와 그의 두 아들이 남았으며 ⁴ 그들은 모압 여자 중에서 그들의 아내를 맞이하였는데 하나의 이름은 오르바요 하나의 이름은 룻이더라 그들이 거기에 거주한 지 십 년쯤에 ⁵ 말론과 기룐 두 사람이 다 죽고 그 여인은 두 아들과 남편의 뒤에 남았더라

⁶ 그 여인이 모압 지방에서 여호와께서 자기 백성을 돌보시사 그들에게 양식을 주셨다 함을 듣고 이에 두 며느리와 함께 일어나 모압 지방에서 돌아오려 하여 ⁷ 있던 곳에서 나오고 두 며느리도 그와 함께 하여 유다 땅으로 돌아오려고 길을 가다가 ⁸ 나오미가 두 며느리에게 이르되 너희는 각기 너희 어머니의 집으로 돌아가라 너희가 죽은 자들과 나를 선대한 것같이 여호와께서 너희를 선대하시기를 원하며 ⁹ 여호와께서 너희에게 허락하사 각기 남편의 집에서 위로를 받게 하시기를 원하노라 하고 그들에게 입 맞추

매 그들이 소리를 높여 울며 ¹⁰ 나오미에게 이르되 아니니이다 우리는 어머니와 함께 어머니의 백성에게로 돌아가겠나이다 하는지라 ¹¹ 나오미가 이르되 내 딸들아 돌아가라 너희가 어찌 나와 함께 가려느냐 내 태중에 너희의 남편 될 아들들이 아직 있느냐 ¹² 내 딸들아 되돌아가라 나는 늙었으니 남편을 두지 못할지라 가령 내가 소망이 있다고 말한다든지 오늘밤에 남편을 두어 아들들을 낳는다 하더라도 ¹³ 너희가 어찌 그들이 자라기를 기다리겠으며 어찌 남편 없이 지내겠다고 결심하겠느냐 내 딸들아 그렇지 아니하니라 여호와의 손이 나를 치셨으므로 나는 너희로 말미암아 더욱 마음이 아프도다 하매 ¹⁴ 그들이 소리를 높여 다시 울더니 오르바는 그의 시어머니에게 입 맞추되 룻은 그를 붙좇았더라.

룻기의 배경과 기록 목적

룻기는 사사시대와 동일한 시기에 일어난 일을 기록한 책입니다.[1] 룻기 1장 1절은 "사사들이 치리하던 때"라는 시대

---

1   룻기 주석과 강해 중 추천도서는 이 책의 맨 뒷장을 보라. 이 책은 다음의 주석을 주로 참조했다. Daniel Isaac Block, *Judges, Ruth*, vol. 6B,

적 배경을 언급하고 있습니다. 이 말의 히브리 문구를 직역하면 "사사들이 사사 노릇하던 시대에"라고 옮길 수 있습니다. '사사'라는 말을 두 번이나 강조하여 룻기에 기록된 일들이 왕정시대 이전의 혼란기에 있었던 일임을 부각시키고 있습니다.[2]

이스라엘의 사사는 재판장보다는 전쟁 지도자나 일반 통치자의 역할을 더 자주 수행했습니다.[3] 어떤 사람은 룻기가 사사시대 초기에 일어난 일이라 하고,[4] 어떤 사람은 사사시대 말기(입다 혹은 삼손)에 일어난 일이라고도 하지만

The New American Commentary (Nashville: Broadman & Holman Publishers, 1999); Robert L. Hubbard, *The Book of Ruth, The New International Commentary on the Old Testament* (Grand Rapids: Wm. B. Eerdmans Publishing Co., 1988); Arthur E. Cundall and Leon Morris, *Judges and Ruth: An Introduction and Commentary*, vol. 7, Tyndale Old Testament Commentaries (Downers Grove: InterVarsity Press, 1968); Fredric W. Bush, *Ruth, Esther*, vol. 9, Word Biblical Commentary (Dallas: Word, Incorporated, 1998); John R. Franke, ed., *Old Testament IV: Joshua, Judges, Ruth, 1-2 Samuel, Ancient Christian Commentary on Scripture* (Downers Grove: InterVarsity Press, 2005); Robert D. Holmstedt, *Ruth: A Handbook on the Hebrew Text* (Waco: Baylor University Press, 2010).

2　Holmstedt, *Ruth: A Handbook on the Hebrew Text*, 52.
3　Holmstedt, *Ruth: A Handbook on the Hebrew Text*, 54.
4　보아스를 기생 라합의 아들로 보는 경우(룻 4:21, 마 1:5) 이런 추정을 하게 된다. 장희종, 『주의 날개아래』(총회출판국, 2009), 15 참고.

정확하게는 알 수 없습니다.[5] 분명한 것은 룻기 1장 1절이 알려주듯이 룻기가 사사시대에 일어난 사건을 담고 있다는 점입니다. 시대에 관한 정보는 이 정도로 충분하므로 더 이상 정보를 제공하지 않은 것으로 보입니다.

룻기의 기록 목적에 대해서도 의견이 분분합니다. 첫째는 유대인의 배타주의에 도전하기 위해 기록되었다는 의견입니다. 룻기는 모압 사람도 하나님의 백성이 될 수 있음을 가르쳐 주고 있습니다. 둘째는 친애(親愛)의 중요성을 말하고 있다는 의견입니다. 실제로 룻기는 룻이 나오미에게 보여 준 친애를 부각시키고 있습니다. 셋째는 다윗의 족보를 설명하고 있다는 의견입니다. 룻기 마지막에 그 내용이 나옵니다. 넷째는 형사취수제(兄死取嫂制, levirate marriage)를 설명하고 있다는 의견입니다. 보아스는 룻의

---

5 룻기의 연대를 정확하게 추정하기는 어렵다. 여리고의 라합을 보아스의 어머니로 본다면 사사시대 초기에 이 사건이 일어났다고 봐야 한다. 그런데 다윗의 족보를 거슬러 생각해 보면, 사사시대 말기에 이 사건이 일어난 것처럼 보인다. 이를 조화시키는 방법은 각 사람의 생몰 연대를 길게 잡거나, 룻기 4:18-22에 나오는 족보를 '법적인 족보'로 보아 중간에 생략된 사람이 있을 가능성을 고려하는 것이다. 이런 추정 역시 하나의 가설이다. 대니얼 블록은 "이 책에 나오는 사건들의 특정 시간대를 구체적으로 확정하려는 어떤 시도도 사변적이다"라고 말한다(Block, *Judges, Ruth*, 624). 그 외에도 Hubbard, *The Book of Ruth*, 84에 나오는 몇 가지 제안을 보라.

남편이 되면서 기업 무를 자가 되었습니다. 다섯째는 하나님의 주권을 강조하고 있다는 의견입니다. 이 관점으로 보면 2장 12절이 룻기의 중심 구절이 됩니다. "여호와께서 네가 행한 일에 보답하시기를 원하며 이스라엘의 하나님 여호와께서 그의 날개 아래에 보호를 받으러 온 네게 온전한 상 주시기를 원하노라 하는지라"(2:12). 사실 룻기는 이 모든 것을 우리에게 가르쳐 주고 있습니다.[6]

다섯 가지 기록 목적에 제가 더하고 싶은 룻기의 기록 목적은 믿음, 사랑, 소망이라는 세 단어로 요약할 수 있습니다. 하나님의 언약에 대한 '믿음'을 가진 룻과 그 언약에 따른 '사랑'을 보여 준 보아스가 위기와 절망의 시대를 살아가는 하나님의 백성들에게 '소망'을 주기 위해 기록된 책이 룻기입니다. "사사들이 치리하던 때에"라는 언급으로 룻기가 시작되는 것도 그런 까닭입니다.

---

[6] 룻기의 기록 목적을 쿤달과 모리스는 다섯 가지로 제시한다. Cundall and Morris, *Judges and Ruth*, 228-231.

룻의 시대와 우리 시대

사사시대는 어떤 시대입니까?[7] 하나님을 떠난 백성들이 각자 자기 소견에 옳은 대로 신앙생활과 우상 숭배를 적당히 섞어서 하던 시대입니다. 그러니 하나님에 대한 신앙과 신뢰가 바닥에 떨어졌습니다. 더군다나 룻기 시대에 흉년이 들었습니다. 삶에 심각한 위기가 찾아온 것입니다.

룻기 시대는 오늘날 21세기의 한국 사회와 여러 면에서 닮았습니다. 우리는 정치적으로나 사회적, 경제적으로 매우 힘든 시대를 살아가고 있습니다. 교회 차원에서 보아도 그리스도인의 수는 갈수록 감소하고 기독교에 대한 신뢰도 바닥을 치고 있습니다. 기독교가 어느새 사회적으로 혐오의 대상마저 된 듯합니다. 이러한 교회 안팎의 위기 속에서 성도들은 고통스러워하고 무력감마저 느낍니다.

룻기는 그렇게 하나님의 백성들이 절망 속에서 살아가던 시대에 한 이방 여인의 헌신적이고 용기 있는 믿음과 한

---

[7] 사사기 주석으로 다음 두 권을 추천한다. Daniel Isaac Block, *Judges, Ruth*, vol. 6A, 6B, The New American Commentary (Nashville: Broadman & Holman Publishers, 1999); 전성민, 『사사기 어떻게 읽을 것인가-신앙의 이름으로 포장된 욕망의 시대』(성서유니온선교회, 2015).

유대 남자의 따듯한 사랑이 하모니를 이루는 아름다운 노래입니다. 그 노래는 오늘 곤고한 우리의 삶에도 울려 퍼질 수 있습니다. 그 일은 어떻게 가능할까요? 룻기 속에서 그 비밀을 찾아봅시다.

엘리멜렉과 나오미, 그 이름의 의미

베들레헴 출신인 엘리멜렉은 나오미라는 여자와 결혼합니다. '엘리멜렉'이란 '나의 하나님은 왕이시다'라는 의미입니다. '나오미'란 '희락, 기쁨'이란 의미입니다. 이름으로 추정해 보면 엘리멜렉과 나오미는 신앙 좋은 가정에서 태어난 것 같습니다. 성경에서 이름이 별 의미를 갖지 않을 때도 많습니다.

하지만 룻기 1장 20절에서 나오미가 자신을 '나오미'가 아니라 '마라'로 불러 달라고 했을 때 유추할 수 있듯이, 나오미는 자기 이름이 무슨 뜻인지 알고 있었고, 그 이름을 의미 있게 받아들였던 것 같습니다.[8] 따라서 이름에 근

---

8 "나오미가 그들에게 이르되 나를 나오미라 부르지 말고 나를 마라라 부르라 이는 전능자가 나를 심히 괴롭게 하셨음이니라"(룻 1:20).

거하여 그들이 신앙의 가문에서 태어났다고 보아도 그리 틀리지 않을 것입니다.

베들레헴 땅에 찾아온 흉년

엘리멜렉과 나오미가 거주하던 베들레헴 땅에 흉년이 들었습니다. 성경에서 흉년이 들었다고 말할 때가 여러 번 있습니다. 특별히 사사시대의 흉년은 대체로 하나님의 백성이 말씀대로 살지 못할 때 주님이 언약적 징벌로 내리신 경우가 많습니다.

사사시대는 크게 보자면 모세 언약 아래 있던 시기입니다. 모세 언약을 잘 담고 있는 신명기(7:12-26, 28:1-19[복], 20-68[징벌])를 보면, 하나님은 언약 백성들이 하나님께 순종하면 그들의 땅에 복을 주시지만, 반대로 하나님의 주권을 인정하지 않을 때에는 땅을 통해 징벌하시겠다고 말씀하셨습니다. 대표적인 징벌이 흉년이나 역병, 적군의 침략입니다.[9] 그러니 베들레헴에 흉년이 든 것은 단순히 자

---

9 더글라스 스튜어트는 모세오경에 나타나는 "언약적 저주 형식" 27개와 "언약적 회복 형식" 10개를 발견하여 제시했다. Douglas Stuart, *Hosea-*

연재해라기보단 하나님께서 의도적으로 내리신 '언약적 징벌'로 보아야 합니다.

하나님 백성들의 불순종과 그 땅에 찾아온 어려움

사사시대, 즉 룻의 시대에만 그랬던 것은 아닙니다. 성경을 자세히 읽어 보면, 한 사회가 망할 때에는 그 속에서 살아간 하나님의 백성들이 제 역할을 못한 경우가 많습니다. 대표적으로 창세기 18-19장은 소돔과 고모라가 망한 것이 그 성에 의인 열 명이 없어서라고 말하고 있습니다. 그 성에 살던 롯과 그의 가족들만이라도 제대로 살았더라면 하나님께서 그 성을 멸하지 않으셨을 것이라는 말입니다.

이스라엘이 멸망할 때에도 하나님은 예레미야 선지자를 통해 이렇게 말씀하셨습니다. "너희는 예루살렘 거리

Jonah, vol. 31, Word Biblical Commentary (Dallas: Word, Incorporated, 2002), 서론 xxxii-xli(32-41쪽). 그중에서 대표적인 것이 기근(흉년), 역병, 적군의 침략이다. 고대 교부 히에로니무스(=제롬)는 룻기 시대의 이스라엘에 있었던 기근이 백성들의 불순종 때문에 생긴 것이라고 주석했다. John R. Franke, ed., *Old Testament IV: Joshua, Judges, Ruth, 1-2 Samuel*, Ancient Christian Commentary on Scripture (Downers Grove, IL: InterVarsity Press, 2005), 181.

로 빨리 다니며 그 넓은 거리에서 찾아보고 알라 너희가 만일 정의를 행하며 진리를 구하는 자를 한 사람이라도 찾으면 내가 이 성읍을 용서하리라"(렘 5:1). 이스라엘이 망한 것은 그 안에 참된 하나님의 백성이 없어서였습니다(겔 22:30 참조).

구약시대에도 그랬지만, 신약시대에 하나님께서 이 땅의 여러 상황을 통해 하나님의 백성들을 일깨우십니다. 대표적으로 사도행전 8장에서 하나님은 예루살렘에 큰 박해를 허락하여 성도들을 유대와 사마리아 여러 지방으로 흩어지게 하셨습니다(행 8:1).

디모데전서 2장 2절은 "임금들과 높은 지위에 있는 모든 사람을 위하여 [기도]하라 이는 우리가 모든 경건과 단정함으로 고요하고 평안한 생활을 하려 함이라"고 말합니다. 우리가 모든 사람을 위해 중보기도를 열심히 해야 이 사회가 안정되고, 우리의 가정과 이웃이 평안해진다는 말입니다.

이러한 원리에 대해서는 종교개혁자들도 인정했습니다. 오늘날에도 이슬람이 우리의 삶에 여러 모로 위협이 되고 영향도 미치지만, 루터나 칼빈의 시대에는 더욱 그러했습니다. 무슬림들이 유럽을 군사적으로 위협했기 때문입니다. 그런데 루터나 칼빈은 이슬람이 그렇게 문제를 일으키는 것은 하나님의 백성들이 제대로 살지 못해 하나님께서 채찍질하시는 것이라고 생각했습니다.[10]

어떤 고통이나 고난의 원인을 섣불리 단정해서는 안 됩니다.[11] 신학적으로 보자면, 고통과 고난의 원인을 크게 두 가지로 나눌 수 있습니다. 첫째는 자연 재해나 질병으로 인한 고통과 고난입니다. 이것을 '자연적 악'이라고 부를 수 있습니다. 지진이나 태풍, 암이나 코로나 바이러스로 인한 감염증 같은 것들이 이에 해당합니다. 이에 대해서는 인간에게 직접 책임을 물을 수 없습니다. 둘째는 사람이 잘못해서 생긴 고통과 고난입니다. 이것을 '도덕적 악'이라고 부를 수 있는데, 육체적 정신적 폭력이나 가해 행위, 학대, 살인 같은 범죄가 이에 속합니다. 이에 대해서는 인간이 법적으로든 윤리적으로든 책임을 져야 합니다. 자

---

10 우병훈, 『처음 만나는 루터』(IVP, 2017), 201-210; 우병훈, "미로슬라브 볼프의 하나님: 그의 책 『알라』를 중심으로", 『한국개혁신학』 제53권(2017): 24-28을 보라.

11 하나님은 고통당하는 욥에게 그 이유를 설명해 주시는 대신에, 하나님의 무한한 지혜와 능력, 함께하심을 보여 주어 그를 위로하셨다. C. 베일, 『욥: 욥의 고난과 하나님의 구속사』, 신득일 역(생명의양식, 2007), 125, 130-131.

연적 악과 도덕적 악은 때때로 연결되어 있어 그 원인을 찾기가 쉽지 않기도 합니다.[12] 예를 들어 지금 전세계가 겪고 있는 코로나 바이러스로 인한 팬데믹(감염병 세계 유행)이 그러합니다. 이 바이러스는 동물로부터 인간에게 옮겨 온 것이라고 추정합니다. 그렇게 된 것은 인간이 야생동물의 서식지를 무리하게 침범하여 생긴 결과라고 보는 이들이 많습니다.[13]

고통이나 고난의 원인이 정확하게 어떤 것인지 몰라도, 우리 신자들은 이를 대하는 기본 자세를 갖추어야 합니다. 고통과 고난 속에서 자신을 돌아보고 하나님께로 나아가는 것이지요.[14] 우리가 사는 이 땅에서 일어나는 일들을 신앙과 별개로 생각해서는 안 됩니다.

혹시 어렵고 혼란스러운 사회를 보면서 '이게 다 내가 기도를 안 해서 그렇다'고 생각해 본 적이 있습니까? 어떤

---

12 존 레녹스, 『코로나바이러스 세상, 하나님은 어디에 계실까?』, 홍병룡 역 (아바서원, 2020), 21-23.
13 노영상, "인수공통감염병 창궐과 동물보호," 안명준 외 17명 지음, 『전염병과 마주한 기독교』(다함, 2020), 42-52.
14 톰 라이트도 고통과 고난 앞에서 '왜'보다 '무엇이'라는 질문이 더 유익하다고 말한다. 톰 라이트, 『하나님과 팬데믹』, 이지혜 역(비아토르, 2020), 제1장.

사람은 속으로 이렇게 생각할지도 모릅니다. '정치가가 정치를 잘못해서 나라가 혼란한 거야. 난 아무 잘못 없어.' 그러나 사회가 혼란하고 세상에 평화와 공의가 사라질 때, 참된 성도라면 '내가 영적으로 게으르고 기도를 안 해서 이런 일이 일어나는 건 아닌가?' 하며 자신을 돌아볼 수 있어야 합니다. 하나님께서 그분의 백성들이 사는 모습을 보면서 이 땅의 상황을 움직여 가시기 때문입니다.[15] 우리는 나라와 사회가 처한 상황에 책임 의식을 갖는 그리스도인이 되어야 합니다.

베들레헴을 떠나 모압으로 간 엘리멜렉과 나오미

흉년이 들자 엘리멜렉은 고향 베들레헴을 훌쩍 떠나 모압으로 거주지를 옮깁니다. 왜 그랬는지는 본문에 나오지 않지만, 여러 정황으로 볼 때 엘리멜렉의 행동을 긍정적으로

---

[15] 하나님께서 자기 백성들을 그 정도로 중요하게 생각하신다는 사실은 다음 구절에도 잘 나타나 있다. "지극히 높으신 자가 민족들에게 기업을 주실 때에, 인종을 나누실 때에 이스라엘 자손의 수효대로 백성들의 경계를 정하셨도다"(신 32:8).

보기가 힘듭니다.[16]

우선, 하나님의 백성이 '약속의 땅'을 떠난 것만 해도 불신앙의 행동이라고 할 수 있습니다. 하나님을 신뢰하지 못하고 자기 나름대로 살 길을 찾아 피신한 것이기 때문입니다. 이것은 하나님께서 아브라함에게 주신 언약과 모세에게 주신 언약을 어기는 불순종의 행동입니다. 약속의 땅은 함부로 떠나서는 안 됩니다. 각 지파와 가족별로 기업을 나눠 주며 자손대대로 그 땅을 지키라고 하신 이유도 그런 까닭입니다. 구약성경에서 '약속의 땅'을 떠나는 것은 언제나 나쁜 일의 전조가 되었습니다.[17]

---

[16] 대니얼 블록은 엘리멜렉이 몹시 가난해 종살이를 하거나 양식이 있는 다른 지역으로 이주하는 선택지밖에 없었고, 그중에서 그나마 나은 선택인 이주를 택했다고 추정한다. 그러나 블록은 다른 선택지는 고려하지 않는다. Block, *Judges, Ruth*, 710: "엘리멜렉이 자기 가족을 모압으로 이주시킨 이후에, 그리고 그가 죽은 이후에 그의 땅에서 무슨 일이 일어났는지는 다만 추측해 볼 뿐이다. 엘리멜렉에게는 모압으로의 이주가 최종 방책이었으리라고 보는 것이 가장 합리적일 듯하다. 그렇게 과감하고 (또한 부끄러운) 행동에 착수하기 전에 아마도 그는 다른 대안들을 시도해 보았을 것이다. 외부인에게 땅을 팔기까지 했을 것이다(레 25:25-30 참조). 그러나 가난은 계속되었고, 땅 판 돈마저 다 써 버리자 그는 아마도 두 가지 선택지 앞에 섰을 것이다. 노예로 팔려 가든지(레 25:47-55 참조) 아니면 식량이 있는 곳으로 이주하는 것이었다. 모압으로 이주하면서 그는 두 가지 악 중에서 그래도 차악을 선택했다." 하지만 블록의 추정과는 달리 나오미는 21절에서 "내가 풍족하게 나갔더니 여호와께서 내게 비어 돌아오게 하셨느니라"고 말하고 있다.

[17] Robert D. Holmstedt, *Ruth: A Handbook on the Hebrew Text* (Waco,

둘째, 엘리멜렉과 나오미가 두 아들을 낳아 그들에게 지어 준 이름이 올바른 신앙에서 나왔다고 보기가 어렵습니다. 한 아들의 이름은 말론, 다른 아들의 이름은 기룐입니다. '말론'이란 '질병'이라는 뜻이고, '기룐'이란 '파멸, 죽음'이라는 뜻입니다. 두 이름 모두 가나안 식입니다.[18] 아마도 자식의 이름을 이렇게 지어서 이른바 '액땜'을 하려고 했던 것 같습니다. 이름을 일부러 안 좋게 지어 장차 생길지도 모르는 안 좋은 일을 막아 보려는 것이지요. 이것은 가나안의 관습이었고, 하나님 백성들의 역사에서는 찾아볼 수 없습니다. 엘리멜렉과 나오미가 두 아들의 이름을 이상하게 지은 것만 보아도, 그들이 여호와 하나님의 신앙에서 떠났음을 알 수 있습니다.

셋째, 그들은 그모스 신을 섬기는 모압으로 갔습니다. 베들레헴을 떠나 팔레스타인의 다른 땅으로 갔다면 몰라도, 우상을 섬기는 땅으로 훌쩍 떠난 것은 아무래도 신앙인다운 행동으로 보기 힘듭니다.

TX: Baylor University Press, 2010), 51.

18 David Atkinson, *Message of Ruth: The Wings of Refuge, Bible Speaks Today* (InterVarsity Press, 1988), 35; 장희종, 『주의 날개아래』, 35에서 재인용.

그러나 이주해 온 모압 땅에도 여전히 흉년이 들었습니다. 하나님께서 자기 백성들에게 벌 주기로 작정하시면, 그 어디로 피신해도 결국 거기에서 '언약적 징벌'을 받게 되어 있습니다. 엘리멜렉은 흉년을 피해 보려고 재산을 다 정리해서 약속의 땅이고 뭐고 개의치 않고 떠났지만, 다른 곳에 가서도 하나님께서 보내신 흉년을 피하지 못했습니다. 결국 엘리멜렉은 타지에서 죽고 맙니다. 하나님의 주권을 피할 수 있는 곳은 없습니다. 존 파이퍼는 나오미가 오랜 세월 흉년을 통해 이스라엘 땅과 모압에서 겪은 삶의 곤고함을 하나님의 "혹독한 섭리"라고 불렀습니다.[19] 그러나 혹독한 섭리 속에서도 하나님 말씀의 비밀을 깨달으면 우리는 성숙이라는 삶의 열매를 거둘 수 있습니다.

하나님의 백성이 고통당할 때, 혼자 도망친다고 해서 문제가 해결되지 않습니다. 그것은 교회도 마찬가지입니다. 교회 직분자들은 자기가 맡은 자리에서 최선을 다해야 합니다. 교회가 힘들다고 훌쩍 떠나 버린다면 하나님께서 맡기신 직분의 중요성을 망각한 것입니다. 자기 자리를

---

[19] 존 파이퍼, 『코로나 바이러스와 그리스도』, 조계광 역(개혁된실천사, 2020), 43.

떠났다고 해서 하나님께서 무조건 벌 주시는 것은 아닙니다. 다만 우리는 하나님의 마음을 알아야 합니다. 상황이 힘들어졌다는 이유로 공동체를 떠나기보단 공동체를 지키는 것이 하나님의 뜻입니다.

약속의 땅을 떠난 엘리멜렉은 모압에 가서도 하나님의 징벌을 받고 말았습니다. 룻기 1장 21절을 보면, 나오미가 그것을 스스로 고백합니다.

> 내가 풍족하게 나갔더니 여호와께서 내게 비어 돌아오게 하셨느니라 여호와께서 나를 징벌하셨고 전능자가 나를 괴롭게 하셨거늘 너희가 어찌 나를 나오미라 부르느냐.

내가 지금 겪고 있는 고통이 반드시 하나님께서 내 죄에 대해 벌을 주셔서 생긴 일이라고 생각할 필요는 없습니다. 우리 삶에 고난이 찾아오는 이유는 여러 가지이고, 그 이유를 모르는 경우도 많습니다. 하지만 하나님 앞에서 살아가는 신자라면 내가 겪는 이 고통이 내 죄 때문은 아닌가 하고 스스로를 돌아보게 되어 있습니다.[20] 그럴 때 '하나님의 신실하심'을 다시 한번 깨닫게 될 것입니다.[21]

지금 나오미의 경우에는 자신을 돌아보는 일이 몹시 필요합니다. 그녀의 민족과 가족의 죄에 대해 하나님께서 벌을 내리시고, 그녀를 통해 뭔가를 말씀하려 하시기 때문입니다.

나오미의 불행

"나오미의 남편 엘리멜렉"(3절)[22]이 세상을 떠난 후, 나오미는 이방 땅에서 아들 둘하고만 남았습니다. 도무지 고향에 돌아갈 엄두는 안 났는지, 나오미는 그 땅에서 두 아들을

---

20   누가복음 13:1-5에서 예수님도 갈릴리 사람들이 빌라도에 의해 해(害) 받은 일에 대해 몇몇 사람이 묻자 "너희도 만일 회개하지 아니하면 다 이와 같이 망하리라"고 대답하심으로, 고통스런 사건에 대한 반응으로 '회개'를 제시하신다. '누가 죄인이냐'는 질문에 '모두 죄인'이라고 대답하심으로 '모든 이의 회개'를 요청하신 것이다.

21   월터 브루그만, 『다시 춤추기 시작할 때까지: 코로나 시대 성경이 펼치는 예언자적 상상력』, 신지철 역(IVP, 2020), 제2장과 제4장 참조.

22   구약성경에서 아내를 남편의 이름으로 부르는 경우는 흔하지만, 남편을 아내의 이름으로 일컫는 경우는 드물다. 룻기 1:3에서 엘리멜렉을 "나오미의 남편"으로 부르는 것은 이제 이야기의 중심이 나오미로 이동하고 있음을 암시한다. Holmstedt, *Ruth: A Handbook on the Hebrew Text*, 61.

모압 여인에게 장가보냈습니다. 한 아들 말론은 룻이란 여자에게, 다른 아들 기룐은 오르바란 여자에게 장가갔습니다. 그런데 어찌된 일입니까? 극심한 흉년 중에 남자들이 양식을 얻기 위해 고생한 탓인지 두 아들마저 자식 없이 일찍 죽고 말았습니다.

나오미의 심정을 한번 헤아려 보십시오. 기근을 피해 남편 따라 멀리 외국 땅으로 갔더니 여기서도 극한 흉년을 만나 온갖 고생을 다 하고, 그 와중에 남편이 죽고 두 아들도 자식 없이 죽고 두 며느리만 남았습니다. 나오미는 청상과부 둘을 데리고 사는 늙은 과부 신세가 되었습니다. 상상해 보면 정말 어떻게 표현해야 할지 모를 정도로 힘든 삶입니다. 한 가정이 이렇게 완벽하게 무너지다니요. 나오미 앞에는 더 이상 희망 없는 삶만 놓였습니다.

백성들에게 다시 양식을 주신 하나님

그러던 어느 날 저멀리 고향에서 좋은 소식이 들려옵니다. 하나님께서 그분의 백성들에게 양식을 주셨다는 것입니다(6절). 사사기를 보면 이스라엘 백성들이 타락했을 때 하나님은 그들에게 징벌을 주시지만, 그들을 불쌍히 여겨 징벌을 거두기도 하십니다. 베들레헴에 흉년이 든 것을 영적 측면에서 언약적 징벌로 이해해야 한다면, 다시 베들레헴에 양식을 주신 것 역시 언약을 회복시켜 주시는 하나님의 자비라는 측면에서 생각해야 합니다.

하나님께서 타락한 자들을 불쌍히 여겨 다시 일하시는 것, 이것이 은혜입니다. 성경을 보면 죄는 인간이 다 저지릅니다. 인간은 자신이 저지른 죄 때문에 스스로 불행에 빠집니다. 하지만 하나님은 그런 인간을 그냥 보고만 계시지 않습니다. 찾아와 이름을 불러 주시고 만나 주시고 새롭게 해주십니다. 구원해 주십니다.

베들레헴에 흉년이 든 것은 하나님 백성들의 죄 때문이었습니다. 혼자 살 길을 찾아 베들레헴을 떠난 엘리멜렉과 나오미 역시 죄인입니다. 하지만 하나님은 그들을 버리지 않으십니다. 진노 중에도 긍휼을 잊지 않으십니다.[23] 다시 찾아와 구원해 주십니다. 하나님의 움직이심, 하나님의

---

[23] "여호와여 내가 주께 대한 소문을 듣고 놀랐나이다 여호와여 주는 주의 일을 이 수년 내에 부흥하게 하옵소서 이 수년 내에 나타내시옵소서 진노 중에라도 긍휼을 잊지 마옵소서"(합 3:2).

일하심, 하나님의 행동, 그것만이 절망에 빠진 자들이 구하고 찾아야 하는 유일한 소망입니다.

지금 우리가 붙잡아야 하는 것도 이러한 은혜입니다. 은혜, 오직 하나님의 은혜만이 우리 삶을 변화시킬 수 있습니다.

○ 묵상 질문

1. 룻의 시대와 오늘 우리 시대의 유사점은 무엇입니까?
2. 우리 시대의 어려움과 교회의 영적 상황은 어떤 관련이 있습니까?
3. 엘리멜렉과 나오미의 행동은 어떤 점에서 불신앙을 드러냅니까?(1-5절)
4. 교회 직분과 사명에서 떠난 적이 있다면 나눠 봅시다.
5. 나오미가 며느리들에게 한 말은 어떻게 이해하면 좋을까요?(8-13절)
6. 살아오면서 엘리멜렉이나 나오미처럼 행동한 적은 없는지 나눠 봅시다.
7. 하나님은 다시금 자기 백성들에게 양식을 주셨습니다(6절). 이것은 무엇을 뜻합니까?

○ 함께 기도

1. 시대의 어려움 앞에서 그리스도인으로서 책임감을 느낍니다. 이 세대를 불쌍히 여겨 주소서.
2. 제게 맡겨 주신 사명과 직분을 망각하거나 포기하지 않고 최선을 다해 지키게 하소서.
3. 우리 가정과 교회와 사회에 주의 은혜를 내려 주소서.

○ 찬송

312장 너 하나님께 이끌리어
459장 누가 주를 따라

2
아브라함 언약과 룻의 신앙

룻기 1:6-18

⁶ 그 여인이 모압 지방에서 여호와께서 자기 백성을 돌보시사 그들에게 양식을 주셨다 함을 듣고 이에 두 며느리와 함께 일어나 모압 지방에서 돌아오려 하여 ⁷ 있던 곳에서 나오고 두 며느리도 그와 함께 하여 유다 땅으로 돌아오려고 길을 가다가 ⁸ 나오미가 두 며느리에게 이르되 너희는 각기 너희 어머니의 집으로 돌아가라 너희가 죽은 자들과 나를 선대한 것같이 여호와께서 너희를 선대하시기를 원하며 ⁹ 여호와께서 너희에게 허락하사 각기 남편의 집에서 위로를 받게 하시기를 원하노라 하고 그들에게 입 맞추매 그들이 소리를 높여 울며 ¹⁰ 나오미에게 이르되 아니니이다 우리는 어머니와 함께 어머니의 백성에게로 돌아가겠나이다 하는지라

¹¹ 나오미가 이르되 내 딸들아 돌아가라 너희가 어찌 나와 함께 가려느냐 내 태중에 너희의 남편 될 아들들이 아직 있느냐 ¹² 내 딸들아 되돌아 가라 나는 늙었으니 남편을 두지 못할지라 가령 내가 소망이 있다고 말한다든지 오늘밤에 남편을 두어 아들들을 낳는다 하더라도 ¹³ 너희가 어찌 그들이 자라기를 기다리겠으며 어찌 남편 없이 지내겠다고 결심하겠느냐 내 딸들아 그렇지 아니하니라 여호와의 손이 나를 치셨으므로 나는 너희로 말미암아

더욱 마음이 아프도다 하매 ¹⁴ 그들이 소리를 높여 다시 울더니 오르바는 그의 시어머니에게 입 맞추되 룻은 그를 붙좇았더라 ¹⁵ 나오미가 또 이르되 보라 네 동서는 그의 백성과 그의 신들에게로 돌아가나니 너도 너의 동서를 따라 돌아가라 하니 ¹⁶ 룻이 이르되 내게 어머니를 떠나며 어머니를 따르지 말고 돌아가라 강권하지 마옵소서 어머니께서 가시는 곳에 나도 가고 어머니께서 머무시는 곳에서 나도 머물겠나이다 어머니의 백성이 나의 백성이 되고 어머니의 하나님이 나의 하나님이 되시리니 ¹⁷ 어머니께서 죽으시는 곳에서 나도 죽어 거기 묻힐 것이라 만일 내가 죽는 일 외에 어머니를 떠나면 여호와께서 내게 벌을 내리시고 더 내리시기를 원하나이다 하는지라 ¹⁸ 나오미가 룻이 자기와 함께 가기로 굳게 결심함을 보고 그에게 말하기를 그치니라.

성경에 나오는 언약들과 아브라함 언약

성경은 언약의 책입니다. '언약'이란 말은 한자어로 보면 말씀 언(言), 약속 약(約)으로 이루어져 있습니다. 즉 '하나님의 말씀으로 된 약속'입니다. 언약을 좀 더 구체적으로 정의하면, "하나님께서 믿는 자들과 그들의 자녀들에게 구원과 사명을 주기 위해 주권적으로 그리고 은혜로 세우신 연합과 교제의 약속"을 뜻합니다. 언약이란 단어는 구약성경(베리트, berith)에 286번 이상, 신약성경(디아데케, diatheke)에 33번 이상 나옵니다. 언약이란 단어가 나오지 않지만 언약적 관계를 고려해야 하는 구절도 많다는 사실을 기억해야 합니다.[1]

성경에 나오는 중요한 언약들을 뽑아 보면 7개가 있습니다. 아담 언약, 노아 언약, 아브라함 언약, 모세 언약, 다윗 언약, 선지자 언약, 그리스도의 새 언약이 그것입니다.[2]

---

1   대표적으로 다음 구절을 보면 비록 '언약'이라는 단어가 나오지 않지만 언약적 관계성을 표현한다. "하나님을 가까이하라 그리하면 너희를 가까이하시리라 죄인들아 손을 깨끗이 하라 두 마음을 품은 자들아 마음을 성결하게 하라"(약 4:8). Peter John Gentry and Stephen J. Wellum, *Kingdom Through Covenant: A Biblical-Theological Understanding of the Covenants* (Wheaton, IL: Crossway, 2012), 제6장 서론부: "성경에서는 언약이라는 단어를 사용하지 않더라도 충분히 언약에 대해 말할 수 있다."

2   여기에서 '아담 언약', '모세 언약' 등으로 표현했지만, "아담에게 주신 언약", "모세에게 주신 언약" 등으로 이해해야 한다. BDAG 사전의 "διαθήκη"(diatheke) 항목은, 성경이 말하는 언약(covenant)은 쌍방적 동의가 전제되는 계약(contract)과는 다르며, 오히려 그것의 일방적 성격 때문에 작정(decree)과 동의어로 사용된 경우가 많다는 사실을 지적한다. William Arndt, Frederick W. Danker, and Walter Bauer, *A Greek-English Lexicon of the New Testament and Other Early Christian Literature* (Chicago: University of Chicago Press, 2000), 228: "So δ.

특히 구약에 나오는 언약들 중에 가장 중요한 것이 아브라함 언약입니다.[3] 아브라함 언약이야말로 하나님께서 주님의 백성들에게 어떤 구원을 주시는 분인지 가장 잘 드러내고 있습니다.

아브라함 언약의 핵심은 창세기 12장 1-3절에 다섯 가지 복으로 표현되어 있습니다.

> [1] 여호와께서 아브람에게 이르시되 너는 너의 고향과 친척과 아버지의 집을 떠나 내가 네게 보여 줄 땅으로 가라 [2] 내가 너로 큰 민족을 이루고 네게 복을 주어 네 이름을 창대하게 하리니 너는 복이 될지라 [3] 너를 축복하는 자에게는 내가 복을 내리고 너를 저주하는 자에게는 내가 저주하리니 땅의 모든 족속이 너로 말미암아 복을 얻을 것이라 하신지라.

---

acquires a mng. in LXX which cannot be paralleled w. certainty in extra-Biblical sources, namely 'decree', 'declaration of purpose', 'set of regulations', etc."

[3] 청교도의 황태자 존 오웬은 아담의 타락 이후로 아브라함 시대까지 하나님의 뜻과 은혜의 비밀을 가장 잘 드러낸 언약이 아브라함 언약이라고 말했다. 조엘 비키, 마크 존스, 『청교도 신학의 모든 것』, 김귀탁 역(부흥과개혁사, 2015), 310(Owen, Theologoumena, in *Works*, 17: 265[4.1.12]).

하나님께서 아브라함에게 주신 복은 첫째 땅, 둘째 자손, 셋째 명성, 넷째 하나님과의 관계, 다섯째 열방을 위한 복의 근원이 되는 것입니다. 저는 이것을 '아브라함의 오각형'(The Abrahamic Pentagon)이라고 부릅니다.

아브라함 언약 이후에 나오는 모든 성경의 역사는 사실상 이 오각형의 범주 안에서 해석할 수 있을 정도로 다섯 가지 약속은 중요합니다. 가령 출애굽기는 땅과 자손에 대한 약속이 성취되는 과정을 보여 줍니다. 여호수아 시대의 정복 전쟁도 땅에 대한 약속이 성취되는 관점에서 볼 수 있습니다. '명성'이란 '왕이 되는 것'과 관련됩니다.[4] 아브라함은 이미 생전에 왕 같은 존재로 살았습니다. 아브라함의 언약을 붙드는 사람들은 왕 같은 제사장으로 살 수 있습니다.

하나님과의 관계는 구원의 역사가 진행되면서 부침(浮沈)이 있었지만, 하나님의 목표는 점점 더 가까운 관계를 허락하여 결국 그리스도 안에서 하나님의 백성이 하나님

---

[4] 피터 젠트리, 스티븐 웰럼, 『언약과 하나님 나라』, 김귀탁 역(새물결플러스, 2017), 341은 아브라함의 이름이 높아진다는 것은, 그가 왕권을 갖게 된 것을 함축한다고 적절하게 주석한다.

과 영원히 연합하는 것이었습니다. 열방을 위한 복의 근원이 되리라는 아브라함 언약에는 이미 '선교적 지향점'이 들어 있습니다. 사실 성경에 나오는 모든 언약은 더 큰 공동체를 겨냥하고 있으며 선교적 함의를 갖고 있습니다.

아브라함 언약 이후에 나오는 언약들은 모두 아브라함 언약과의 관계성 속에서 살필 수 있습니다. 출애굽기 19장 이하에 나오는 모세 언약이나 사무엘하 7장에 나오는 다윗 언약 역시 아브라함 언약의 확장으로 이해할 수 있습니다. 그런데 룻기에서 우리는 아브라함 언약에서 다윗 언약으로 이어지는 기막힌 연결 고리를 발견하게 됩니다. 그것을 같이 살펴보겠습니다.

며느리들에게 친정으로 돌아가라고 권한 나오미

하나님께서 자기 백성을 돌아보고 양식을 주기 시작하셨다는 소식을 들은 나오미는 고향 땅 베들레헴으로 돌아가고자 했습니다(6절). 머나먼 타국에서 온갖 고생을 했지만, 이제는 고향으로 돌아가 친척들에게 빌어먹고서라도 살다가 거기서 눈을 감아야겠다는 생각이 든 것 같습니다.

그런데 나오미는 두 며느리가 마음에 걸렸습니다(7-8절). '이들도 데리고 갈 것인가? 아니다. 이들에게는 새로운 인생을 허락하자. 아직 젊으니 이 땅에서 다시 결혼하여 새 인생을 살게 하자.' 성경에 나오지는 않지만 나오미는 고민을 많이 했을 것이며, 결국 이렇게 결정했습니다.

> [8] 나오미가 두 며느리에게 이르되 너희는 각기 너희 어머니의 집으로 돌아가라 너희가 죽은 자들과 나를 선대한 것같이 여호와께서 너희를 선대하시기를 원하며 [9] 여호와께서 너희에게 허락하사 각기 남편의 집에서 위로를 받게 하시기를 원하노라(8-9절).

나오미의 말을 어떻게 이해해야 할까요? 어찌 보면 그녀의 말에는 신앙적인 표현이 들어 있습니다. 며느리들에게 하나님의 복을 빌고 있기 때문입니다. 자기 자신보다 며느리들의 장래를 걱정하는 마음도 엿보입니다.[5]

하지만 좀 더 깊이 들여다보면 그녀의 말에는 불신앙

---

[5] 이규현, 『내 인생에 찾아온 헤세드』(두란노, 2018), 44.

또한 섞여 있습니다. 나오미는 며느리들이 다시 이방 사람에게 시집가서 '위로'('메누하') 얻기를 빌고 있습니다. 구약성경에서 이 단어는 종종 '하나님께서 주시는 평안'을 뜻합니다(왕상 8:56, 대상 22:9). 과연 며느리들이 이방 땅에서 다시 이방인과 결혼하면 하나님께서 주시는 평안을 얻을 수 있을까요?

신앙인이라 하더라도 너무 힘든 상황에 처하면 영적 판단력이 흐려질 수 있습니다. 그래서 우리는 나오미를 쉽게 비난할 수 없습니다. 이렇게 결정하는 과정이 참으로 힘들었을 것입니다. 그녀는 두 며느리와 함께 살 수도 없고, 그렇다고 두 며느리를 어디로 보낼 수도 없는 상황에 처했습니다. 당시에 혼자 된 여성이 사회적 보호막 없이 살아가기란 아주 힘들었습니다. 사회적 약자 셋이 모였습니다. 이들이 어떻게 살아갈 수 있을까요? 게다가 룻과 오르바는 아직 자녀를 낳을 수 있는 젊은 여성인데, 그들이 일평생 나오미만 바라보고 살 수는 없는 노릇입니다.

나오미는 밤잠을 설치며 고민했을 것입니다. 그러고 나서 두 며느리를 떠나보내는 것이 최선이라는 결정을 내렸을 테지요. 하지만 현실만 고려한 채 신앙을 뒤로한 결정이 참으로 아쉽습니다. 룻과 오르바는 자기 고향으로 돌아가면 다시 옛날에 섬기던 신들에게로 돌아갈 것입니다(15절). 나오미는 그 점을 분명히 알고 있었습니다. 하지만 현실에 밀려 두 며느리의 신앙은 고려하지 못한 결정을 내리고 말았습니다.

나오미의 결정을 함부로 비난할 수는 없지만, 우리가 기억해야 할 점이 있습니다. 상황이 아무리 어려워도 신앙의 원칙을 가장 앞에 두고 판단해야 한다는 것입니다. 하나님의 백성들이 상황을 먼저 고려하기 시작하면, 하나님을 믿기는 해도 철저하게 믿지 못하여 세상의 것들이 신앙생활에 섞이고 맙니다. 루터와 칼빈은 그것을 단호하게 '우상 숭배'라고 불렀습니다.[6] 하나님을 섬기는 것 같아도 사실은 우상을 섬기는 것이라는 뜻에서입니다. 현실적으로 나오미의 결정을 이해하지 못할 바는 아니지만, 영원의 관점에서 그것은 최선의 판단이 아니었습니다.

저는 그녀의 결정을 비난하기보단 차라리 아파하겠습

---

6   마르틴 루터, 『마르틴 루터, 갈라디아서』, 김귀탁 역(복있는사람, 2019), 249-250에 나오는 십계명 제1계명에 대한 루터의 설명(갈 3:10 주석); 헤르만 셀더하위스, 『칼빈 핸드북』, 김귀탁 역(부흥과개혁사, 2013), 321에 나오는 "니고데모파"에 대한 칼빈의 비판을 보라.

니다. 고통이 휘몰아치는 상황에서 한 인간이 처한 삶의 모순을 너무나 잘 보여 주기 때문입니다. 하지만 신앙인은 삶의 모순 속에서도 결코 신앙을 저버리는 쪽으로 가서는 안 된다는 점을 다시 한번 강조합니다.

갈라지는 두 사람의 운명

나오미가 친정으로 돌아가라고 하자 며느리들은 통곡합니다(9절). 시어머니의 마음을 다 알았던 것 같습니다. 가난한 집안에 과부 셋이 둘러앉아 서로 부둥켜안고 소리 높여 우는 모습을 상상해 보십시오. 남편과 사별하고 가난에 시달리던 여인들은 그동안 억눌러 온 눈물을 한꺼번에 다 쏟아 내는 것 같습니다. 이들의 눈물은 사람이 아무리 가난해도 자기 잇속만 차리거나 완악해지지 않을 수 있음을 보여 줍니다.[7]

시어머니의 말을 듣고 처음에는 룻과 오르바 모두 나오미와 함께 베들레헴으로 가겠다고 말합니다(10절). 그러나

---

7   이규현, 『내 인생에 찾아온 헤세드』, 45.

나오미는 자신을 따라오더라도 더 이상 자손을 이을 가능성이 없다고 말하면서 그들을 설득하여 친정으로 돌려보냅니다(11-13절). 오르바는 친정으로 돌아갔습니다(14절). 그러나 룻은 단호한 결심을 보이면서 시어머니를 떠나지 않았습니다(14절).

여기서 오르바와 룻의 영원한 운명이 갈립니다. 왜 오르바는 떠났는데 룻은 떠나지 않았을까요? 며느리로서 책임감을 느꼈기 때문일까요? 그럴지도 모릅니다. 그러나 여기서 룻이 시어머니를 떠나지 않은 것은 인간적인 책임감 때문만은 아니었습니다. 그것은 신앙 때문이었습니다.

나오미의 말을 통해 룻을 시험하신 하나님

15절에서 나오미는 또 다시 룻에게 "네 동서는 그의 백성과 그의 신들에게로 돌아가나니 너도 너의 동서를 따라 돌아가라"고 말했습니다. 이것은 좋게 해석하면 지극히 인간적이고 현실적인 조언이지만, 엄격하게 해석하면 불신앙적인 말입니다. 이방 땅에서 다시 이방인과 결혼하고 그들의 신들을 섬기라고 권유하고 있기 때문입니다. 하나님은 인간적이고 현실적이며 불신앙적인 나오미의 말을 통해 룻을 시험하셨습니다. 이에 룻은 나오미처럼 현실의 조건이나 불신앙에 따라 판단하지 않고 '믿음'에 따라 판단했습니다. 히브리서 11장 1절은 "믿음은 바라는 것들의 실상이요 보이지 않는 것들의 증거니"라고 말합니다. 이 구절을 헬라어에서 직역하면 "믿음은 소망하는 일들의 실체(휘포스타시스)이며, 보이지 않는 일들의 증명(엘렝코스)이다"라고 풀이할 수 있습니다.[8] 룻기는 룻의 믿음이 어떻게 실상으로 열매 맺으며, 그 믿음이 어떻게 보이지 않는 것을 증거하는지 보여 주는 믿음의 실화입니다.

---

8   헬라 철학에서 '휘포스타시스'는 우연한 것을 다 제외하고 남는 '존재의 알맹이'를 뜻한다. 영어로는 substance나 real essence라고 번역할 수 있다(히 1:3, 3:14에 나오는 '휘포스타시스' 참조). 또한 헬라 철학에서 '엘렝코스'는 진리를 드러내고 오류를 반박하는 '증명'이나 '확신'을 뜻한다. 히브리서 11:1을 이런 맥락에서 해석하는 것이 허용된다면, 히브리서 기자는 믿음이 존재의 실체이자 증명 그 자체가 된다고 선언하는 셈이다. 헤르만 바빙크는 믿음이 주는 확실성은 수학이나 과학이나 철학이나 역사학이 주는 확실성과는 다르지만 그에 못지않은 확실성이라고 주장했다. F. F. Bruce, *The Epistle to the Hebrews*, Rev. ed., The New International Commentary on the New Testament (Grand Rapids, MI: Wm. B. Eerdmans Publishing Co., 1990), 276-277; 헤르만 바빙크, 『개혁교의학』, 제1권, 박태현 역(부흥과개혁사, 2011). 123-125(#19). '#'는 바빙크의 『개혁교의학』 총 4권 전체에 순서대로 붙어 있는 단락 번호를 뜻한다.

아브라함 언약을 이어받은 룻

사도 바울은 아브라함의 자손이 되는 것은, 혈통이나 율법의 행위가 아니라 믿음으로 되는 일이라고 강조했습니다(롬 4:16, 갈 3:7). 룻의 모습이 이러한 원리를 잘 보여 줍니다. 룻은 이방 여인이었지만 믿음을 통해 아브라함에서 시작된 구원의 역사 드라마 속으로 들어갔습니다.

앞서 언급한 아브라함의 오각형은 하나님께서 아브라함에게 주실 땅, 자손, 명성, 관계, 그리고 복, 이 다섯 가지에 대한 약속을 말합니다. 룻기 1장 16-17절을 보면, 룻은 하나님께서 아브라함에게 주신 다섯 가지 약속이 자신에게도 해당할 것이라고 담대하게 고백합니다.[9]

---

[9] 룻의 신앙과 아브라함의 신앙을 비교하는 다음 문헌들을 보라. Bruce K. Waltke, "Joshua," in *New Bible Commentary: 21st Century Edition*, ed. D. A. Carson et al., 4th ed. (Leicester, England; Downers Grove, IL: Inter-Varsity Press, 1994), 239: "아브라함과 룻과 마찬가지로, 라합은 이스라엘을 택하기 위해 자신의 조국을 버렸다." Fredric W. Bush, *Ruth, Esther*, vol. 9, Word Biblical Commentary (Dallas: Word, Incorporated, 1998), 128: "룻의 행동에 대한 [보아스의] 이러한 묘사(2:11)는 룻이 나오미에게 한 말 속에 함축되어 있듯이 룻과 아브라함 사이의 유비 관계를 정당화시켜 준다."

¹⁶ 룻이 이르되 내게 어머니를 떠나며 어머니를 따르지 말고 돌아가라 강권하지 마옵소서 어머니께서 가시는 곳에 나도 가고 어머니께서 머무시는 곳에서 나도 머물겠나이다 어머니의 백성이 나의 백성이 되고 어머니의 하나님이 나의 하나님이 되시리니 ¹⁷ 어머니께서 죽으시는 곳에서 나도 죽어 거기 묻힐 것이라 만일 내가 죽는 일 외에 어머니를 떠나면 여호와께서 내게 벌을 내리시고 더 내리시기를 원하나이다 하는지라.

"어머니께서 가시는 곳에 나도 가고 어머니께서 머무시는 곳에서 나도 머물겠나이다"는 '땅'에 대한 믿음에서 나온 고백입니다. "어머니의 백성이 나의 백성이 되고"는 '자손'에 대한 믿음에서 나온 고백입니다.[10] "어머니의 하나님이 나의 하나님이 되시리니"는 '하나님과의 관계'에 대한 믿음에서 나온 고백입니다. '명성'에 대한 약속은 룻기 후반부에서 분명하게 드러납니다. 4장 14절에 보면, 룻의 아

---

[10] 카렐 데던스는 다음과 같이 이 고백의 중요성을 설명한다. "룻은 이스라엘의 하나님이 자기의 하나님이 되신다고 공개적으로 선언했습니다. 또한 그는 이스라엘 백성 가운데 속하게 되기를 원했는데, 이스라엘은 당시의 '교회'였습니다." 카렐 데던스, 『세례반에서 성찬상으로』, 양태진 역(성약, 2014), 19.

들 오벳이 태어난 것을 축하하면서 여인들은 나오미에게 "찬송할지로다 여호와께서 오늘 네게 기업 무를 자가 없게 하지 아니하셨도다 이 아이의 이름이 이스라엘 중에 유명하게 되기를 원하노라"고 말하고 있습니다. '열방을 위한 복의 근원'이 되게 하겠다는 약속은 룻 자신에게서 성취됩니다. 이방 여인이었던 룻이 아브라함 언약에 편입되어, 과연 아브라함으로 말미암아 열방이 복을 얻을 수 있음을 스스로 증명한 셈입니다.

룻은 남편이 죽고 인생의 희망이 더 이상 보이지 않는 중에도 피 한 방울 살 한 점 섞이지 않은 시어머니를 꼭 붙들기로 작정했습니다. 그것은 아브라함에게 주신 언약의 역사에 동참하고자 하는 신앙적 결단이었습니다. 이처럼 룻기는 아브라함 언약이 모세 언약을 거쳐 다윗 언약에 안전하게 당도할 수 있는 하나의 연결 고리 역할을 하고 있습니다. 그런 점에서 룻기 1장 16-17절의 고백은 하나의 위대한 언약 신앙임을 드러내고 있습니다. 비록 룻기에서 '언약'이라는 단어를 발견할 수 없다 해도, 룻기를 언

약의 관점에서 읽을 수 있는 까닭이 이것입니다.[11]

　룻은 아마도 이전에 시어머니 나오미에게 하나님에 대한 이야기를 드문드문 들었을 것입니다. 그러면서 나오미보다 더 신앙이 좋아지고, 아브라함과 이삭과 야곱의 하나님에 대한 믿음이 생긴 것 같습니다. 이처럼 신앙의 세계에서는 예수님의 말씀처럼 나중된 자가 먼저 되고, 먼저 된 자가 나중 되기도 합니다(마 19:30). 다음 장에서는 룻의 신앙이 가진 중요한 특징들을 보다 깊이 살펴보겠습니다.

11　거듭 강조하지만, 이처럼 성경에서 명시적으로 '언약'이란 단어가 나오지 않는 곳에서도 '언약'을 전제하고 해석해야 할 때가 많다.

○ 묵상 질문

1. '언약'이란 무엇입니까? 성경에 나오는 중요한 언약들은 무엇입니까?
2. 아브라함의 오각형이란 무엇입니까? 성경에서 아브라함의 오각형이 어떻게 발전하는지 나눠 봅시다.
3. 8-9절에 나오는 나오미의 말은 어떻게 이해해야 합니까?
4. 룻과 아브라함의 공통점은 무엇입니까?
5. 룻의 고백(16-17절)과 아브라함의 오각형은 어떤 관계가 있습니까?

○ 함께 기도

1. 하나님께서 아브라함에게 주신 언약의 약속들이 제 삶에서도 이루어지게 하소서.
2. 참된 신앙으로 세속적인 생각을 물리치게 하소서.
3. 하나님의 언약에 합당한 삶을 살게 하소서.

○ 찬송

301장 지금까지 지내온 것
248장 언약의 주 하나님

3
룻의 신앙과
하나님

룻기 1:16-18

¹⁶ 룻이 이르되 내게 어머니를 떠나며 어머니를 따르지 말고 돌아가라 강권하지 마옵소서 어머니께서 가시는 곳에 나도 가고 어머니께서 머무시는 곳에서 나도 머물겠나이다 어머니의 백성이 나의 백성이 되고 어머니의 하나님이 나의 하나님이 되시리니 ¹⁷ 어머니께서 죽으시는 곳에서 나도 죽어 거기 묻힐 것이라 만일 내가 죽는 일 외에 어머니를 떠나면 여호와께서 내게 벌을 내리시고 더 내리시기를 원하나이다 하는지라 ¹⁸ 나오미가 룻이 자기와 함께 가기로 굳게 결심함을 보고 그에게 말하기를 그치니라.

언약의 쌍방향적 성격

언약 신앙에는 중요한 특징이 있습니다. 하나님의 일방적인 주권이 역사하여 언약이 맺어지는 것이므로 여기에 인간이 어떤 식으로든 기여할 여지가 전혀 없다는 점입니다. 그러나 일단 언약이 맺어지면 하나님과 신자 사이가 쌍방향의 교제 관계가 됩니다. 그러므로 하나님은 신자의 반응을 중요하게 생각하십니다. 물론 이때에도 하나님의 주권적인 은혜의 역사는 계속됩니다. 신자의 믿음이 흔들려도 하나님은 결코 포기하지 않으시기 때문입니다. 하나님은 언약 관계 속에서 친밀한 교제가 시작된 신자의 의지를 사용하여 일하십니다. 따라서 하나님의 은혜를 받은 신자는 삶 속에서 신앙 고백을 하게 되어 있습니다.[1] 룻은 우리가 믿음으로 언약 백성이 될 수 있음을 잘 보여 줄 뿐 아니라, 언약 백성으로서 어떤 믿음으로 살아야 하는지도 알려 줍니다. 룻은 다음 세 가지 특성을 지닌 참된 신앙을 가지고 있었습니다.

자비의 신앙

첫째는 자비의 신앙입니다. 16절을 보면, 어머니를 돌봐 드리겠다는 룻의 분명한 의지를 볼 수 있습니다. "어머니께서 가시는 곳에 나도 가겠습니다." 어머니께서 가시는 곳이란 베들레헴을 말합니다. 룻은 어머니를 위해서라면 자기 고

---

1 많은 개혁신학자들은 언약의 이러한 특징을 가리켜 "언약은 그 체결에 있어 일방적이며, 그 유지에 있어서는 쌍방적인 요소가 있다"고 표현했다. 우병훈, 『예정과 언약으로 읽는 그리스도의 구원』(SFC, 2013), 88을 참조하라.

향마저 떠날 수 있다고 말합니다. 이 대목에서 우리는 믿음의 결단을 하며 고향을 떠났던 아브라함의 신앙을 떠올리게 됩니다.[2]

룻의 시대는 지금으로부터 약 3천 년도 더 된 때입니다. 그때 고향을 떠난다는 것은 안전을 보장할 수 없는 일이었습니다. 얼굴도 모르는 낯선 사람들 사이에서 지낸다는 것은 단순히 외로움의 문제를 넘어 삶에 위협이 되는 심각한 일이었습니다. 그런 곳에서 혹시 불의의 사고를 당한다 해도 도움의 손길을 받기조차 어려울 것입니다. 그런데도 룻은 어머니가 가는 곳이라면 어디든 가겠다고 말합니다.

룻은 또 이렇게 말합니다. "어머니께서 머무시는 곳에서 나도 머물겠습니다." 여기서 '머물다'(린)라는 말은 일차적으로는 밤을 지새우는 것을 말합니다. 밤에 잠자리를 돌봐 드리겠다는 말입니다. 어머니 옆에 누워서 지켜 드리겠다는 뜻이지요.

---

[2] 그리하여 룻은 아브라함처럼 하나님의 구원 드라마의 주인공이 되었다. Hubbard, *The Book of Ruth*, 194: "아브라함과 마찬가지로 룻은 모든 가족적, 종교적 유대 관계를 떠나 베들레헴에 살기로 한 이민자였다."

이런 룻의 고백에서 배울 점은 무엇입니까? 바로 '자비를 베푸는 신앙'입니다. 인간적으로 말하자면 룻은 이제 시어머니와 관계가 다 끝났습니다. 남편이 죽고 자식도 없는 상황에서 룻은 동서 오르바처럼 시어머니를 떠나 새로운 인생을 살 수 있었습니다. 그렇게 해도 아무도 비난하지 않을 것입니다. 그런데도 왜 그녀는 시어머니 나오미를 떠나지 않습니까? 그녀에게는 하나님의 언약 백성으로 남고자 하는 신앙이 있었기 때문입니다. "어머니께서 머무시는 곳에서 나도 머물겠습니다"라는 고백은 명백한 신앙의 표현이었습니다. 그 신앙은 단지 입술에만 머물지 않고 하나님의 자비를 구체적으로 실천하는 모습으로 나타났습니다.

개인의 위기와 시대적 역경 속에서 하나님의 언약을 알고 믿는 사람은 어떻게 행동하는지 룻이 잘 보여 줍니다. 힘들고 곤고한 시대를 살다 보면 나 혼자라도 살아남아야겠다고 생각하는 것이 인지상정입니다. 하지만 그것은 언약 백성다운 삶의 태도가 아닙니다. 룻은 힘든 상황에서도 믿음을 따라 행동했습니다. 하나님의 자비로 언약 백성이 되기로 선택한 룻은 하나님의 자비를 실천합니다.[3] 위기와 역경 가운데서 기꺼이 자비를 행하는 사람이 됩니다.

이것이 세상과 교회가 다른 점입니다. 세상이 살기 힘들어질수록 교회는 구제와 봉사와 섬김에 더 힘써야 합니다. 지금 같은 팬데믹 시대에 교회는 자기 곳간을 털어서라도 형편이 어려운 성도와 소외 당하는 이웃을 돌아봐야 합니다.[4] 그것이 언약 신앙을 소유한 교회의 참된 능력입니다. 그렇게 할 때 교회는 하나님의 새로운 역사를 경험하게 될 것입니다.

개인의 삶에서도 마찬가지입니다. 가정에 닥친 어려움을 회피하지 않고 책임지는 것이 언약 백성다운 태도입니다. 부모로서 자녀가 학교에서 좋은 성적을 내고 남보다 더 뛰어난 사람으로 자라는 것을 목표로 삼아서는 안 됩니다. 하나님의 마음으로 친구들을 바라보고 필요한 때에

---

[3] 자비를 베푸는 것은 언약 백성의 가장 중요한 특징이다. "네 생각에는 이 세 사람 중에 누가 강도 만난 자의 이웃이 되겠느냐 이르되 자비를 베푼 자니이다 예수께서 이르시되 가서 너도 이와 같이 하라 하시니라"(눅 10:36-37).

[4] 레녹스, 『코로나 바이러스 세상, 하나님은 어디에 계실까?』, 73-76에서 기독교인의 희생적인 돌봄은 역사 속에서 대역병이 있을 때마다 등장했다고 주장한다.

도움의 손을 내밀며 함께해야 한다고 가르쳐야 합니다. 그것이 이 땅에 그리스도인으로 불리는 학생이 존재하는 이유입니다. 직장에서도 남을 밟고 일어서는 것을 목표로 삼기보다 경쟁에서 뒤처진 사람들과 함께 갈 수 있는 길을 찾아야 합니다.

하나님은 그런 사람들에게 은혜를 베푸십니다. 힘겨운 삶 가운데서도 나보다 연약한 사람을 돌보고 세워 준다면 새로운 삶의 소망이 보일 것입니다. 이것이 오늘 우리 시대의 어려움을 이겨 나가는 신앙의 원리입니다. 자기 문제와 자기 고민에만 빠져 있는 사람은 거기에 갇혀서 헤어 나오지 못합니다. 나보다 형편이 어려운 사람에게 관심을 쏟을 때 내 문제는 더 이상 크게 생각되지 않을 수 있습니다. 룻은 이러한 신앙의 원리를 알았습니다. 하나님은 지금 우리에게도 이러한 자비의 신앙을 따라 살라고 촉구하십니다.

소망의 신앙

이제 16절의 뒷부분을 읽어 봅시다.

어머니의 백성이 나의 백성이 되고 어머니의 하나님이 나의 하나님이 되시리니…

여기서 우리는 시대적 고통과 개인의 위기를 극복하는 신앙의 두 번째 원리를 알 수 있습니다. 그것은 '소망의 신앙'입니다. 원래 모압 사람은 이스라엘 회중에 들어오지 못하게 되어 있습니다. 하나님은 신명기 23장 3절에서 이스라엘 회중 가운데서 모압 사람은 "영원히" 제외하라고 명령하셨습니다.

암몬 사람과 모압 사람은 여호와의 총회에 들어오지 못하리니 그들에게 속한 자는 십 대뿐 아니라 영원히 여호와의 총회에 들어오지 못하리라.

그럼에도 불구하고 룻은 이스라엘 사람인 나오미의 백성이 자신의 백성이 될 것이라고 믿고 있습니다. 이스라엘의 하나님이 모압 사람인 자신의 하나님이 될 것이라고 선언하고 있습니다. 이것은 도대체 어디서 나온 배짱일까요? 현재에 머물지 않고 소망하는 가운데 계속해서 미래로 나아가는 신앙을 가졌기에 룻은 이런 말을 할 수 있었을 것입니다.

이 점에서도 룻의 신앙은 아브라함의 신앙과 닮아 있습니다. 로마서 4장 18절은 "아브라함이 바랄 수 없는 중에 바라고 믿었으니"라고 말합니다. 룻도 현재 상황에 주목하기보단 하나님을 소망하며 나아가는 믿음을 가졌습니다.

사람이 극한 어려움에 처하면 희망이 다 끊어집니다. 경제적으로 파산하거나, 정말 믿었던 사람에게 배신을 당하거나, 사랑하는 사람이 죽으면 신앙이고 뭐고 다 귀찮아지게 마련입니다. 도무지 어찌 해볼 도리 없는 삶의 장벽에 부딪히면 그냥 끙끙 앓다가 포기하는 것이 인간입니다. 그러나 룻은 달랐습니다. '내가 아무리 모압 출신이고, 이전에는 하나님과 무관한 사람이었을지라도 이제 하나님의 백성이 되기로 선택한 이상 하나님께서 나를 버리지 않으신다'는 확고한 신앙을 가졌습니다.

하나님은 하나님의 언약에 소망을 걸고 하나님을 붙드는 사람을 절대 놓지 않으십니다. 오늘 같은 시대적 위기 속에서 교회가 회복해야 할 것이 바로 소망하며 나아가는 믿음입니다. 하나님은 우리를 소망 가운데로 부르셨습니다(엡 1:18). "그 부르심의 소망"에 눈뜨는 것이 중요합니다. 이러한 소망에서 비롯되는 영적 풍성함이야말로 교회가 누리는 자원이 아니겠습니까? 이 소망을 삶의 현장 속에서 드러낼 때, 우리는 세상 사람들과는 다른 원리로 지금의 고난과 역경을 헤쳐 나갈 수 있음을 증명할 수 있습니다.

사생결단의 신앙

17절을 봅시다.

> 어머니께서 죽으시는 곳에서 나도 죽어 거기 묻힐 것이라 만일 내가 죽는 일 외에 어머니를 떠나면 여호와께서 내게 벌을 내리시고 더 내리시기를 원하나이다.

여기서 룻은 '사생결단의 신앙'을 보여 주고 있습니다. 어머니와 운명 공동체로서 생사를 함께하겠다고 말합니다. 언약 안에서 나오미와 함께 하나의 띠로 묶여 있음을 고백한 것입니다.

신구약 성경에서 여자 이름으로 된 책이 두 권 있는데 무엇인지 아십니까? 룻기와 에스더서입니다. 룻과 에스더, 두 여인은 시기적으로든 신분상으로든 관련성이 전혀 없어 보입니다. 룻이 사사시대에 유대인과 결혼한 이방 여인이라면, 에스더는 그로부터 수백 년 후에 이방인과 결혼한 유대인입니다. 그런 두 여인에게 공통점이 있습니다. 먼저, 하나님께서 한 민족을 구원하시는 일에 이 여인들을 각각 사용하셨다는 것입니다. 또한 두 여인은 모두 사생결단의 신앙을 가지고 있었습니다. 에스더는 유다 백성을 구하기 위해 "죽으면 죽으리이다"(에 4:6)라고 말하며 왕 앞으로 나아갔습니다. 에스더와 마찬가지로 룻도 "죽으면 죽으리이다" 하는 심정으로 어머니에게 말하고 있습니다.

성경에서 이름이 길이 빛나는 이 여인들, 구원의 역사에서 중요한 이정표 역할을 한 이들이 가졌던 신앙이 바로 '사생결단의 신앙'입니다. 그럴 수 있었던 것은 하나님의 언약을 확고하게 붙들고 있었기 때문입니다. 하나님의 언약을 붙드는 사람은 상황을 뛰어넘는 믿음을 가집니다(롬 4:19). 바울은 로마서에서 그것을 '부활 신앙'이라고 불렀습니다(롬 4:17, 24).

우리가 죽고 나서 부활할 것을 믿습니까? 그것을 어떻게 확신합니까? 만일 이 땅에서 단 한 번도 사생결단의 신앙을 발휘해 본 적이 없다면, 어떻게 부활을 확신할 수 있을까요? 이 땅에서 살 때 목숨을 걸고서라도 믿음으로 나아가 본 신자라야 우리가 죽고 나서 부활할 것을 더욱 확신할 수 있을 것입니다.

하나님은 그렇게 결단하고 나아오는 사람을 외면하지 않으십니다. 사생결단의 신앙으로 하나님께 나아오는 사람을 결코 내버려 두지 않으십니다. 오히려 부활 생명, 참 생명을 주십니다. 우리 주님은 말씀하십니다.

> 누구든지 제 목숨을 구원코자 하면 잃을 것이요 누구든지 나와 복음을 위하여 제 목숨을 잃으면 구원하리라(막 8:35).

죽기를 각오하고 나가면 살려 주시는 것! 이것이 신앙의 원리입니다. 우리는 그러한 모습을 예수 그리스도의 십자가와 부활에서 극명하게 볼 수 있습니다. 예수님은 근본 하나님의 본체시지만 우리를 구속하기 위해 스스로를 낮추시고 십자가에서 죽으셨습니다. 그런 예수님을 하

나님께서 살리셨고, 그분에게 "모든 이름 위에 뛰어난 이름"(명성)을 주셨습니다.[5]

시대적 위기와 개인의 고난 속에서 우리는 부활 신앙을 가져야 합니다. 하나님의 말씀대로 살면 죽을 것 같고 도태될 것 같고 망할 것 같지만 오히려 살아남는 것, 그것을 경험하는 것이 부활 신앙입니다. 그런 점에서 시대적 위기와 개인의 고난은 우리가 과연 참된 신앙을 가지고 있는지 판단하는 기회가 됩니다.

절망 중에서도 일하시는 하나님

룻은 아무리 상황이 힘들어도 포기하지 않았습니다. 오히려 자비의 신앙, 희망의 신앙, 사생결단의 신앙으로 고난 앞

---

[5] "⁵ 너희 안에 이 마음을 품으라 곧 그리스도 예수의 마음이니 ⁶ 그는 근본 하나님의 본체[형상, 모르페]시나 하나님과 동등됨을 취할 것으로 여기지 아니하시고 ⁷ 오히려 자기를 비워 종의 형체를 가지사 사람들과 같이 되셨고 ⁸ 사람의 모양으로 나타나사 자기를 낮추시고 죽기까지 복종하셨으니 곧 십자가에 죽으심이라 ⁹ 이러므로 하나님이 그를 지극히 높여 모든 이름 위에 뛰어난 이름을 주사 ¹⁰ 하늘에 있는 자들과 땅에 있는 자들과 땅 아래에 있는 자들로 모든 무릎을 예수의 이름에 꿇게 하시고 ¹¹ 모든 입으로 예수 그리스도를 주라 시인하여 하나님 아버지께 영광을 돌리게 하셨느니라"(빌 2:5-11).

에 섰습니다. 그런 룻의 인생은 어떻게 되었습니까? 시어머니와 함께 그 어려움에 시달리다가 망하고 말았습니까? 아닙니다. 하나님은 그녀에게 새로운 인생을 허락해 주셨습니다. 믿음의 힘이란 그토록 놀랍습니다. 하지만 우리는 이 순간에도 룻의 신앙에만 주목하고 묵상을 마쳐서는 안 됩니다. 룻의 신앙이 가능하도록 이끌어 주신 하나님을 주목해야 합니다. 룻기는 85절로 된 얇은 책이지만, 그중에서 23절이 하나님에 대해 언급하고 있기 때문입니다.[6]

어머니와 함께 베들레헴으로 가면서 룻은 자기 인생을 여기까지 인도하신 하나님의 섭리에 대해 생각했을 것입니다. 룻은 어쩌다 여기까지 오게 되었습니까? 약속의 땅에 흉년이 들었습니다. 엘리멜렉은 가족을 데리고 모압 땅으로 피신했지만, 고생은 끝나지 않았고 거기서 죽습니다. 나오미의 아들 말론에게 룻이 시집 왔습니다. 이번에는 남편 말론과 그의 형제 기룐마저 죽습니다. 모든 것을 잃은 시어머니 나오미는 고향 땅 베들레헴으로 돌아가고자 합니다. 이 모든 과정을 이끄신 분이 바로 하나님입니다. 룻

---

[6] Hubbard, *The Book of Ruth*, ix: "룻기는 네 장에 불과하다(85절밖에 안 된다!).": 장희종, 『주의 날개아래』, 148.

의 관점에서 생각해 보면, 하나님은 나 한 사람을 구원하기 위해 기근을 사용하시고, 한 사람의 마음을 움직이시고, 한 가정의 생사화복도 사용하고 계십니다.

지진이 일어나서 건물이 무너졌을 때, 그 무너진 곳 지하에 생존자가 한 명이라도 있다면 사람들은 무슨 수를 써서라도 그를 구해 내려고 할 것입니다. 마찬가지로 하나님은 저 멀리 모압 땅에 하나님의 백성이 한 명이라도 있다면 수만 가지 일들을 사용하여 그를 구해 내십니다. 그 한 사람이 룻입니다. 하나님은 한 사람을 그분의 자녀로 만들기 위해 많은 수단들을 사용하시고, 창조세계의 진통마저 사용하실 수 있는 분입니다.[7]

룻을 향해 놀라운 자비를 베푸시고, 끝까지 희망을 버리지 않으시며, 그녀를 반드시 구하겠다고 결단하신 분은 바로 하나님입니다. 이방인 룻이 소유했던 자비와 소망과 결단의 신앙은 그러한 하나님의 성품을 조금 닮아 있을 뿐입니다.

---

7   C. S. Lewis, *The Collected Letters of C. S. Lewis*, ed. Walter Hooper, vol. 3 (New York: HarperSanFrancisco, 2004-2007), 520에 나오는 루이스의 생각(벨 앨런에게 보낸 편지)을 약간 응용했다.

어쩌면 룻의 인생은 우리가 하나님을 만나서 여태껏 살아온 인생과 비슷한지도 모릅니다. 하나님을 믿고 지금까지 신앙생활을 해온 과정을 한번 돌이켜 보십시오. 정말 우여곡절 끝에 여기까지 오지 않았습니까? 그것은 모두 하나님의 섭리였습니다. 그러므로 우리는 고난을 당할 때마다 오히려 하나님을 바라보고 그분에게 시선을 고정할 수 있습니다. 이 모든 고난을 통해 내가 더욱 연단되고, 결국 모든 것이 합력하여 선을 이루게 될 줄 알기 때문입니다. 언젠가 욥의 고백이 우리의 고백이 될 것입니다.

> 그러나 내가 가는 길을 그가 아시나니 그가 나를 단련하신 후에는 내가 순금같이 되어 나오리라(욥 23:10).

지금도 하나님께서 우리 인생을 인도하고 계십니다. 지금도 우리와 함께하시는 하나님과 함께 인생의 크고 작은 어려움을 자비의 신앙, 소망의 신앙, 결단의 신앙으로 이겨 나가시기를 바랍니다.

○ 묵상 질문

1. 언약의 일방성과 쌍방성에 대해 설명해 봅시다. 언약에는 왜 이런 특성이 있습니까?
2. 룻은 어떤 신앙을 가졌습니까? 내 인생에서 언제 룻과 같은 신앙이 필요한지 나눠 봅시다.
3. 나는 인생에서 어떤 과정을 지나며 하나님을 믿게 되었습니까? 하나님의 특별한 섭리를 느꼈던 때를 나눠 봅시다.

○ 함께 기도

1. 힘든 순간에도 자비를 베풀 줄 아는 신앙인으로 살게 하소서.
2. 현재의 삶이 힘들어도 소망을 가지고 살아가게 하소서.
3. 내 삶의 자리에서 믿음의 결단이 필요할 때 망설이지 않고 나아가게 하소서.

○ 찬송

279장 인애하신 구세주여
370장 주 안에 있는 나에게

4
나오미에서 마라로

롯기 1:19-22

¹⁹ 이에 그 두 사람이 베들레헴까지 갔더라 베들레헴에 이를 때에 온 성읍이 그들로 말미암아 떠들며 이르기를 이이가 나오미냐 하는지라 ²⁰ 나오미가 그들에게 이르되 나를 나오미라 부르지 말고 나를 마라라 부르라 이는 전능자가 나를 심히 괴롭게 하셨음이니라 ²¹ 내가 풍족하게 나갔더니 여호와께서 내게 비어 돌아오게 하셨느니라 여호와께서 나를 징벌하셨고 전능자가 나를 괴롭게 하셨거늘 너희가 어찌 나를 나오미라 부르느냐 하니라 ²² 나오미가 모압 지방에서 그의 며느리 모압 여인 룻과 함께 돌아왔는데 그들이 보리 추수 시작할 때에 베들레헴에 이르렀더라.

백성들을 돌아보신 하나님

나오미와 룻은 모압을 떠나 베들레헴으로 돌아오고 있습니다. 베들레헴을 떠나 모압에 살 때만 해도 남자 셋(엘리멜렉, 말론, 기룐)에 여자 하나였는데, 이제 여인 둘이 그것도 과부 둘이 처량하게 베들레헴으로 돌아오고 있습니다. 베들레헴은 빵집이라는 의미입니다. 하나님은 그분의 백성들을 돌아보시어 다시금 그들에게 양식을 주십니다.

이것은 하나의 사이클(cycle)입니다. 사사기에는 독특한 사이클이 반복하여 나타납니다. 먼저, 백성들이 태평한 시대를 누립니다. 그런 때일수록 하나님께 더욱 순종해야 하는데 그들은 오히려 하나님을 떠나 버립니다. 그러면 하나님께서 적군을 보내어 그들을 징벌하십니다. 언약적 저주를 시행하시는 것입니다.[1] 그로 인해 고통당하던 백성들이 돌이켜 하나님께 호소하면 하나님께서 다시 그들을 불쌍히 여기시고 그들에게 사사를 보내어 구원하게 하십니다. 다시 태평한 시대가 돌아오게 하시는 것입니다. 하나의 사이클로 반복되는 하나님의 구원은 언제나 하나님 편에서 시작됩니다.

백성들의 죄악으로 흉년이 들었던 베들레헴 땅에 다시 양식을 주신 것도, 하나님께서 그분의 백성을 돌아보아 그렇게 하신 것입니다(룻 1:6).

---

1 Stuart, *Hosea-Jonah*, 서론 xxxii-xli(32-41쪽)에는 모세오경에 나타나는 "언약적 저주 형식"(27개)과 "언약적 회복 형식"(10개)이 제시되어 있다. 그 중에 사사기에 나오는 적군의 침략과 룻기에 나오는 기근이 포함된다.

전능자의 괴롭힘, 여호와의 비게 하심

나오미가 베들레헴에 다다르자 온 마을이 떠들썩해졌습니다(19절). 아마도 엘리멜렉과 나오미의 가족은 꽤 유명했던 것 같습니다. 그들이 모압으로 이사 갔던 사실을 사람들이 다 알고 있으니 말입니다. 그런데 이게 웬일입니까? 나오미가 처량하기 이를 데 없는 신세가 되어 고향으로 돌아왔지 뭡니까? 그 사실을 나오미가 먼저 고백합니다.

> [20] 나오미가 그들에게 이르되 나를 나오미라 부르지 말고 나를 마라라 부르라 이는 전능자가 나를 심히 괴롭게 하셨음이니라 [21] 내가 풍족하게 나갔더니 여호와께서 내게 비어 돌아오게 하셨느니라 여호와께서 나를 징벌하셨고 전능자가 나를 괴롭게 하셨거늘 너희가 어찌 나를 나오미라 부르느냐 하니라(20-21절).

"나오미"는 '희락'이란 뜻이고, "마라"는 '괴로움'이란 뜻입니다. 나오미는 자기 이름을 바꿔서 부르라고 말합니다. 그녀는 정신적으로 큰 상처를 입었습니다. 하나님께서 자기를 치셨음을 알고 있습니다.

20절과 21절에 "전능자", "여호와", "여호와", "전능자"라는 표현이 교차대구법으로 쓰이고 있습니다.[2] "전능자"(샷다이)라는 이름은 백성을 돌보시는 능력의 하나님을 말합니다.[3] "여호와"(야웨)라는 신명(神名)은 언약에 신실하신 하나님을 가리킵니다. 그런데 전능자 여호와께서 나오미에게는 그 반대로 행하셨습니다. 희락을 주셔야 할 전능자께서 오히려 나오미를 괴롭게 하셨습니다. 채워 주셔야 할 여호와께서 오히려 그녀를 비어 돌아오게 하셨습니다. 이것은 사실 나오미와 그녀의 남편 탓입니다. 그래서 나오미는 이 모든 것이 사실은 하나님의 징벌이었다고 정확하게 짚고 넘어갑니다(21절).

이것은 나오미가 베들레헴 사람들에게 하는 말이지만, 실제로는 하나님을 향한 고백이자 회개입니다. 이제 그녀는 모든 것을 내려놓고 하나님의 백성들에게로, 하나님께

---

2   교차대구법(chiasm, 카이애즘)이란, "가-나-나-가" 배열을 말한다. 헬라어 단어 '카이'(x)에서 이름이 유래한다.

3   많은 종교개혁자와 현대 학자들은 '샷다이'라는 말이 '젖가슴'을 뜻한다고 추측한다. 어머니의 젖가슴처럼 아이를 양육하는 하나님의 모습을 상징한다는 것이다.

로 돌아왔습니다. 21절에서 사용된 "돌아오게"라는 단어는 구약성경에서 '회개'를 뜻할 때 자주 사용되는 단어입니다.[4] 하나님을 멀리 떠나 버린 자신을 하나님께서 "회개하도록 만드셨다"고 나오미는 고백하고 있습니다. 이제 하나님께로 돌아가려는 자신의 마음을 공개적으로 밝히고 있는 것입니다.[5]

---

[4] Joyce G. Baldwin, "Ruth," in *New Bible Commentary: 21st Century Edition*, ed. D. A. Carson et al., 4th ed. (Leicester, England; Downers Grove, IL: Inter-Varsity Press, 1994), 289: "히브리어에서 동일한 동사가 '회개하다'라는 의미로 사용되는데, 고향으로 돌아오면서 나오미는 심경의 변화, 즉 '회개'를 보여 주고 있다."

[5] 룻기에는 '슈브'(돌아가다)라는 동사가 열다섯 번 나온다. 1:6(나오미와 두 며느리가 베들레헴으로 돌아감), 1:7(나오미와 두 며느리가 베들레헴으로 돌아감), 1:8(나오미가 두 며느리에게 친정으로 돌아가라고 함), 1:10(두 며느리가 어머니의 백성에게 돌아가겠다고 함), 1:11(나오미가 두 며느리에게 친정으로 돌아가라고 함), 1:12(나오미가 두 며느리에게 친정으로 돌아가라고 함), 1:15(오르바가 자기 백성과 신들에게 돌아감), 1:15(나오미가 룻에게 돌아가라고 함), 1:16(룻이 나오미에게 돌아가라 강권하지 말라고 함), 1:21(여호와께서 나오미로 비어 돌아오게 하심을 고백함), 1:22(나오미가 돌아옴), 1:22(룻이 돌아옴), 2:6(모압 지방에서 돌아온 모압 소녀), 4:3(모압 지방에서 돌아온 나오미), 4:15(오벳은 나오미의 생명을 돌이키는 자). 모두 열다섯 번 나오는 '슈브'라는 동사는 1장에서는 주로 모압으로 돌아가는 일을 묘사할 때 사용되다가 1:16의 룻의 말을 기점으로 베들레헴으로 돌아가는 일을 묘사한다. 1:21에서 나오미는 베들레헴으로 돌아오게 된 일을 고백하는데, 그것은 나오미의 회개를 상징한다. 제일 마지막에 사용된 경우만 빼고 모두 여성이 그 주어로 되어 있다. 제일 마지막에 쓰인 남성분사 형태는, 새롭게 태어난 아기 오벳이 나오미에게 생명의 회복자(직역하면 '생명을 돌이키는 자')가 되었음을 말하고 있다. 마지막에 남성이 주어가 된 '슈브'는 앞서 여성이 주어가 된 '슈브'들을 모두 뛰어넘어 전체 이야기의 결말을 아름답게 보여 주는 동사라고 할 수 있다.

보리 추수기

1장은 다음과 같이 아주 의미심장한 말로 마치고 있습니다.

> 나오미가 모압 지방에서 그의 며느리 모압 여인 룻과 함께 돌아왔는데 그들이 보리 추수 시작할 때에 베들레헴에 이르렀더라(22절).

나오미와 그의 며느리 모압 여인 룻이 돌아왔는데, 마침 보리 추수를 시작할 무렵이었다는 것입니다. 이때는 4월 말이나 5월 초입니다.[6] 한 해의 첫 수확이 이루어지고 오랜 가뭄 끝에 드디어 양식이 주어지는 시점입니다. 하나님께서 그분의 백성들을 돌아보시는 그때, 나오미와 룻도 그들 사이에 거주하기 시작했습니다.

이것이 하나님의 타이밍입니다. 영원 가운데 계신 하나님은 시간에 속박되지 않으십니다. 오히려 인류의 전 역사를 꿰뚫어 아시면서 가장 좋은 타이밍에 가장 적합한 일

---

[6] Block, *Judges, Ruth*, 650.

을 하십니다(전 3:11).

사도 바울은 "때가 차매 하나님이 그 아들을 보내사"(갈 4:4)라고 말합니다. 우리는 왜 예수님이 인류 역사에서 그렇게 늦게 오셨는지 의문을 갖지만 바울의 눈에는 그때가 가장 적당한 시간이었습니다. 인류의 역사와 이스라엘의 역사가 진행되어 십자가의 의미가 가장 풍성하게 드러날 수 있는 바로 그때, 복음이 온 세상에 퍼지기에 가장 적합한 바로 그때, 하나님은 메시아를 보내어 여자에게서 그리고 율법 아래에서 나게 하셨습니다.

개인의 역사에서도 그렇습니다. 신자의 삶을 돌이켜 보면 하나님은 늦지도 이르지도 않는 가장 적당한 때에 일하셨음을 고백할 수 있습니다. 그렇기에 우리는 도박꾼이나 투기꾼의 잭팟이 아니라 하나님의 타이밍을 기다려야 합니다.

"하나님의 때에 하나님의 일을 하소서!"

이것이 성도가 해야 하는 기도입니다. 기도의 시간(카이로스)을 통해 우리는 일상의 순간들(크로노스)을 하나님의 때(카이로스)로 보고 경험하게 될 것입니다(시 4:1, 55:1 참조).

○ 묵상 질문

1. 룻기의 역사적 배경은 사사시대입니다. 하나님은 사사시대에 어떻게 행하고 계십니까?
2. 하나님께서 베들레헴에 양식을 주신 것과 같은 일을 내 삶에서 경험한 적이 있다면 나눠 봅시다.
3. 20-21절에서 나오미가 한 말을 어떻게 이해하는 것이 좋을까요?
4. 우리는 어떠한 태도로 하나님의 타이밍을 기다려야 합니까?

○ 함께 기도

1. 인생의 주관자가 하나님이심을 아는 믿음을 주소서.
2. 삶의 환경을 바꾸시는 하나님께 부르짖는 믿음을 주소서.

○ 찬송

337장 내 모든 시험 무거운 짐을
342장 너 시험을 당해

5
하나님의 날개 아래서 보호하심

룻기 2:1-13

¹ 나오미의 남편 엘리멜렉의 친족으로 유력한 자가 있으니 그의 이름은 보아스더라 ² 모압 여인 룻이 나오미에게 이르되 원하건대 내가 밭으로 가서 내가 누구에게 은혜를 입으면 그를 따라서 이삭을 줍겠나이다 하니 나오미가 그에게 이르되 내 딸아 갈지어다 하매 ³ 룻이 가서 베는 자를 따라 밭에서 이삭을 줍는데 우연히 엘리멜렉의 친족 보아스에게 속한 밭에 이르렀더라 ⁴ 마침 보아스가 베들레헴에서부터 와서 베는 자들에게 이르되 여호와께서 너희와 함께하시기를 원하노라 하니 그들이 대답하되 여호와께서 당신에게 복 주시기를 원하나이다 하니라 ⁵ 보아스가 베는 자들을 거느린 사환에게 이르되 이는 누구의 소녀냐 하니 ⁶ 베는 자를 거느린 사환이 대답하여 이르되 이는 나오미와 함께 모압 지방에서 돌아온 모압 소녀인데 ⁷ 그의 말이 나로 베는 자를 따라 단 사이에서 이삭을 줍게 하소서 하였고 아침부터 와서는 잠시 집에서 쉰 외에 지금까지 계속하는 중이니이다

⁸ 보아스가 룻에게 이르되 내 딸아 들으라 이삭을 주우러 다른 밭으로 가지 말며 여기서 떠나지 말고 나의 소녀들과 함께 있으라 ⁹ 그들이 베는 밭을 보고 그들을 따르라 내가 그 소년들에게 명령하여 너를 건드리지 말라 하였느니라 목이 마르거든 그릇에 가서

소년들이 길어 온 것을 마실지니라 하는지라 [10] 룻이 엎드려 얼굴을 땅에 대고 절하며 그에게 이르되 나는 이방 여인이거늘 당신이 어찌하여 내게 은혜를 베푸시며 나를 돌보시나이까 하니 [11] 보아스가 그에게 대답하여 이르되 네 남편이 죽은 후로 네가 시어머니에게 행한 모든 것과 네 부모와 고국을 떠나 전에 알지 못하던 백성에게로 온 일이 내게 분명히 알려졌느니라 [12] 여호와께서 네가 행한 일에 보답하시기를 원하며 이스라엘의 하나님 여호와께서 그의 날개 아래에 보호를 받으러 온 네게 온전한 상 주시기를 원하노라 하는지라 [13] 룻이 이르되 내 주여 내가 당신께 은혜 입기를 원하나이다 나는 당신의 하녀 중의 하나와도 같지 못하오나 당신이 이 하녀를 위로하시고 마음을 기쁘게 하는 말씀을 하셨나이다 하니라.

룻기의 구조

룻기는 크게 보면 '상실에서 채워짐으로 이동하는 구조'입니다.[1] 룻기 1장에는 모든 것을 상실한 룻이 나옵니다. 그녀는 시어머니 나오미와 함께 통곡하고 있습니다. 그런데 마지막 장을 보면 룻은 모든 것을 갖게 되었고 나오미와 더불어 크게 기뻐합니다. 이렇게 룻기는 룻이라는 한 여인의 인생이 텅 빈 데서 가득 차서 넘치는 데로 점점 나아가는 모습을 보여 줍니다. 우리에게도 이러한 흐름이 있기를 소망합니다.

사실 이것은 한 개인의 삶을 묘사한 것이지만, 구원의 역사라는 시각에서 보면 인류의 모습이라고도 할 수 있습니다. 인간은 타락하여 아무것도 가진 게 없는 자가 되었습니다. 아담은 하나님처럼 되려고 하다가 사탄의 종이 되고 말았습니다. 그렇게 비참해진 인류를 위해 그리스도께서 세상에 오셨고, 모든 믿는 자들을 다시 높여 주십니다. 텅 비어 버린 인류의 삶이 예수 그리스도로 인해 가득 차게 되었습니다.

---

1   다음 두 책에서 그런 표현을 사용했다. Jan de Waard and Eugene Albert Nida, *A Translator's Handbook on the Book of Ruth*, 2nd ed., UBS Handbook Series (New York: United Bible Societies, 1991), 73: "상실과 채움의 주제"; Block, *Judges, Ruth*, 725: "나오미의 상실을 채우심"; Block, *Judges, Ruth*, 726: "하나님께서 그 삶을 비우셨던 그녀가 이제 하나님의 채우심을 경험했음이 지금 인식되고 있다."

우리의 인생도 마찬가지입니다. 예수님이 아니었다면 우리는 어디서 누구와 무엇을 하고 있을까요? 살아 있기는 할까요? 가진 것 없던 우리가 예수님을 만나 새 생명을 얻었고, 공허하고 무의미하던 인생이 가득 차고 참된 의미를 갖게 되었습니다.

그러므로 룻기를 묵상할 때 우리는 룻이라는 한 여인의 삶과 예수 그리스도의 구원과 우리 자신의 삶, 이 세 가지를 언제나 함께 놓고 생각해야 합니다.

'우연'처럼 나타나는 하나님의 '섭리'

고대 유대 사회는 4월 하순의 보리 추수를 시작으로 6월 초순 밀 추수까지 약 7주 동안 모든 추수를 마쳤습니다.[2] 나오미와 룻이 베들레헴에 도착한 때는 보리 추수가 시작되는 4월 하순이나 5월 초순이라고 할 수 있습니다. 이제 룻의 인생에도 하나님의 손길이 봄날의 햇살처럼 서서히 찾아들고 있습니다.

---

2   Hubbard, *The Book of Ruth*, 192: "약 7주의 기간(즉 4월 하순에서 6월 초순까지)".

2절을 보면 룻은 나오미에게 "내가 밭으로 가서…이삭을 줍겠나이다"라고 말합니다. 나오미는 고향으로 돌아왔지만 부끄러움과 체념 탓인지 별다른 움직임이 없습니다. 룻이 먼저 나서서 상황을 바꿔 보려고 합니다. 절망적인 상황에서는 소망을 품은 사람이 다른 사람보다 먼저 행동하게 마련입니다. 모두가 포기하고 있을 때 한 사람이라도 소망을 품는다면 하나님께서 그 사람을 통해 일하십니다. 종교개혁자 마르틴 루터는 "믿음과 소망은 함께 있어야 한다. 우리는 믿음으로 의롭다함을 받고, 소망으로 고난 중에 참아야 한다"라고 말했습니다.[3]

3절과 4절에 독특한 표현이 나옵니다.

> [3] 룻이 가서 베는 자를 따라 밭에서 이삭을 줍는데 '우연히' 엘리멜렉의 친족 보아스에게 속한 밭에 이르렀더라 [4] '마침' 보아스가 베들레헴에서부터 와서 베는 자들에게 이르되 여호와께서 너희와 함께하시기를 원하노라 하니 그들이 대답하되

---

3   Martin Luther, *Luther's Works*, Vol. 27: Lectures on Galatians, 1535, Chapters 5-6; 1519, Chapters 1-6, ed. Jaroslav Jan Pelikan, Hilton C. Oswald, and Helmut T. Lehmann (Saint Louis: Concordia Publishing House, 1999), 68(1535년, 갈 5:16 주석).

여호와께서 당신에게 복 주시기를 원하나이다 하니라.

룻은 '우연히' 보아스의 밭으로 갔고, 보아스는 '마침' 그때 밭으로 나와서 룻을 보게 되었습니다. 우리 그리스도인들은 "운이 좋았다", "다행이다"라는 표현을 되도록 안 쓰려고 합니다. 모든 것이 하나님의 섭리 아래서 일어난 일이라고 믿기 때문입니다. 그런데 위의 구절에 "우연히"(미크레하), "마침"(힌네)[4]이라는 표현이 사용되었습니다. 이것은 인간의 관점에서 표현한 것입니다. 하나님은 우리가 보기에 우연하게 일어난 일 가운데서도 언제나 주권적으로 일하고 계십니다.

5절에서 보아스는 룻이 누구인지 사환에게 묻습니다. 사환은 이렇게 대답합니다.

> 6 …이는 나오미와 함께 모압 지방에서 돌아온 모압 소녀인데 7 그의 말이 나로 베는 자를 따라 단 사이에서 이삭을 줍게 하소서 하였고 아침부터 와서는 잠시 집에서 쉰 외에 지금까지

---

[4] '힌네'는 '보라', '자', '우와' 등과 같이 놀람을 나타내는 히브리어다.

계속하는 중이니이다(6-7절).

사환은 룻에 대해 '평범한 관점에서' 세 가지로 설명합니다. 첫째, 룻은 파산한 집안의 여인 나오미의 며느리입니다. 둘째, 룻은 모압 여인 즉 이방 여인입니다. 셋째, 룻은 부지런히 이삭을 줍는 여인입니다. 첫째와 둘째 설명에서 룻에게 걸 만한 희망은 전혀 없습니다. 그런데 셋째 사실에서 그녀의 장점이 드러납니다. 그녀가 절망스러운 상황에서도 낙심하지 않고 부지런히 일했다는 것입니다.

잠언 12장 27절은 "사람의 부귀는 부지런한 것이니라"고 말합니다. 당장은 가난할지라도 부지런함이 재산이라는 말입니다. 구약성경과 신약성경은 모두 부지런함을 칭찬하고 있습니다.[5] 성경은 우리 삶을 하나님께서 주권적으로 이끌어 가신다고 가르치지만 인간의 노력이 무용지물이라고 결코 말하지 않습니다. 우리 삶에서 하나님의 역사(에네르게이아)는 언제나 작동하고 있습니다.[6] 우리를 일

---

5   이규현, 『내 인생에 찾아온 헤세드』, 139-140은 이 부분에서 룻의 모습을 "성실의 미학"이라 부르면서 "평범한 일상이 곧 역사가 됩니다"라고 적절하게 강조한다.

6   교부들은 에네르게이아(energeia)라는 말을 하나님의 계시사역과 구속사

으켜 세우실 분은 하나님 한 분뿐입니다. 그렇다면 그분의 손길을 발견하기 위해 우리는 어떤 태도를 가져야 할까요? 하나님께서 일하실 때까지 아무 일도 하지 않고 감나무 아래에 누워서 감이 떨어지기만을 기다리듯 기다려야 할까요? 아니요, 우리가 할 수 있는 일을 해야 합니다. 우리가 노력해서 하나님의 은혜를 당겨 오자는 뜻이 아닙니다. 다만 은혜를 기다리는 사람의 기본적인 태도를 말하는 것입니다. 하나님을 기다리는 사람은 부지런히 일하게 되어 있습니다.

보아스와 룻의 대화 (1) - 보아스의 배려

8절 이하에 보면, 드디어 보아스가 룻에게 말을 겁니다.

⁸ 보아스가 룻에게 이르되 내 딸아 들으라 이삭을 주우러 다

역에 종종 사용했다. 이것은 하나님의 힘이나 능력(power), 작용이나 활동(operation)을 뜻한다. 성부 하나님의 능력과 활동은 성자 예수님 안에서 성령 하나님의 사역을 통해 이루어진다. Muller, Richard A. *Dictionary of Latin and Greek Theological Terms: Drawn Principally from Protestant Scholastic Theology*. 2nd ed. (Grand Rapids, MI: Baker, 2017), 106 ("energeia").

른 밭으로 가지 말며 여기서 떠나지 말고 나의 소녀들과 함께 있으라 ⁹그들이 베는 밭을 보고 그들을 따르라 내가 그 소년들에게 명령하여 너를 건드리지 말라 하였느니라 목이 마르거든 그릇에 가서 소년들이 길어 온 것을 마실지니라 하는지라(8-9절).

보아스는 룻을 "내 딸아"라고 부릅니다. "내 딸아"는 시어머니 나오미가 룻을 부를 때 쓰던 호칭입니다(룻 1:11-12, 2:2). 이것은 보아스가 룻보다 나이가 많음을 암시합니다. 그보다 더 중요하게는, 보아스가 룻을 아주 친근하게 대하고 있다는 표시입니다.

이어서 보아스는 세 가지를 말합니다. 첫째, 이삭을 주우러 다른 밭으로 가지 말라고 합니다. 룻이 이 밭 저 밭 옮겨 다니면서 고생하고 위험한 일을 당하는 것을 미연에 방지하는 것입니다. 보아스는 처음부터 룻에게 큰 자비를 베풉니다. 이번 추수기에는 자기 밭에만 머물러 있어도 양식을 충분히 얻을 수 있게 해주겠다는 약속입니다. 특별히 8절 마지막 부분을 보면, 보아스는 룻에게 "나의 소녀들과 함께 있으라"고 말합니다. 여기서 "함께 있으라"(다

바크)는 말은 단순히 함께 있는 것보다 강력한 의미를 가지고 있습니다. 1장 14절에서 룻이 나오미를 떠나지 않고 꼭 붙어 있겠다고 할 때 사용된 단어로서 거기서는 "붙좇았더라"로 번역되어 있습니다. 룻이 시어머니 나오미를 붙좇았더니 이제 보아스가 룻이 붙들 사람들을 붙여 줍니다.[7] 이는 룻이 하나님의 언약 백성 안에 한 자리를 차지할 수 있도록 조치한 것을 상징합니다.

둘째, 보아스는 수하의 소년들에게 룻을 건드리지 말라고 명령합니다. 당시에 과부는 사회적으로 가장 힘없는 사람이었습니다. 젊은 과부는 언제나 남성들의 표적이 될 수 있었습니다. 특히 일터에서는 남자들이 여러 모로 힘이 있어 마음만 먹으면 룻에게 해코지를 할 수 있었습니다. 악한 사회의 주요한 특징이 갑을관계가 심하다는 것입니다. 특히 을의 자리에 있는 여성은 끔찍한 피해자가 되기가 쉽습니다. 사사시대가 바로 그러했습니다.[8] 보아스는

---

[7] 룻과 보아스의 이름에 대한 설명은 Hubbard, *The Book of Ruth*, 94(룻-'위로'), 134-135(보아스-'강력한 자')를 보라. 그러나 룻기에서 이들의 이름이 지닌 의미로 언어유희를 하는 부분은 없으므로 크게 신경 쓸 필요는 없다.

[8] 19장에 나오는 레위인과 그의 첩 이야기가 이를 극명하게 보여 준다.

그런 일을 예상하고 미리 철저하게 단속합니다.[9] 어떤 주석가는 이 대목을 보면서 보아스가 성경의 기록 가운데서 직장 내 성폭력을 금지한 최초의 사람이라고 풀이합니다.[10] 이처럼 보아스는 룻을 "내 딸아"라고 부르며 그녀의 안위를 지켜 줍니다.

셋째, 보아스는 룻에게 목이 마르면 소년들이 그릇에 길어다 둔 물이 있으니 가서 마시라고 합니다. 베들레헴은 물이 귀한 도시였습니다. 사무엘하 23장 16절을 보면, 베들레헴 성문 곁에 우물이 있었습니다.[11] 아마도 보아스의 종들은 아침에 이곳에서 물을 길어 와 보아스와 일하는 사람들이 마실 수 있게 했을 것입니다. 성경을 보면 보통 이방인이 이스라엘 사람에게 물을 떠서 줍니다. 그리고 여자가 남자에게 물을 떠서 줍니다.[12] 이스라엘 남자인 보아스는 이런 통념을 뒤집고 이방 여인 룻에게 물을 마음껏

---

[9] 갑을관계에서 폭력을 방지할 수 있는 가장 좋은 방법은 갑의 위치에 있는 사람이 을을 적극적으로 보호하고 제도를 마련하는 것이다.

[10] Block, *Judges, Ruth*, 659-660.

[11] "세 용사가 블레셋 사람의 진영을 돌파하고 지나가서 베들레헴 성문 곁 우물 물을 길어 가지고 다윗에게로 왔으나 다윗이 마시기를 기뻐하지 아니하고 그 물을 여호와께 부어 드리며"(삼하 23:16).

[12] Block, *Judges, Ruth*, 660.

마시도록 해줍니다. 사랑이 지닌 자비의 속성이 잘 드러나는 대목입니다. 사랑은 상식에 근거하여 자비를 베풀지 않고 상식을 뛰어넘어 기대 이상의 자비를 베풉니다.

특별히 보아스의 배려는 당시 유대사회의 통념으로 보자면 대단한 결정입니다. 룻은 모압 여인입니다. 그녀는 오늘날 한국에 와서 일하는 외국인 노동자보다 훨씬 더 홀대받는 위치에 있었습니다. 이스라엘 사람들이 모압을 아주 싫어했기 때문입니다. 그러한 정서는 율법에 규정된 종교적 명령에서 나온 것이겠지만(신 23:3), 나중에는 민족주의 정서와 혼합되어 더욱 강화되었을 것입니다. 그렇기에 보아스의 태도가 놀랍습니다.

보아스와 룻의 대화 (2) - 놀란 룻의 대답

룻은 보아스의 '환대'(歡待, hospitality)에 몹시 놀랐습니다.[13]

---

13 환대는 복음의 문을 연다. 누가복음과 사도행전에서 나타나는 여러 사건들이 이를 잘 보여 준다. 다음의 박사논문이 이에 대해 잘 설명하고 있다. Joshua W. Jipp, *Divine Visitations and Hospitality to Strangers in Luke-Acts: An Interpretation of the Malta Episode in Acts 28:1-10*, Supplements to Novum Testamentum, v. 153 (Leiden: Brill, 2013). 하나님은 더 움켜쥐지 않고 자기 것을 기꺼이 나눠 주고자 하는 사람들 가

그래선지 엎드려 얼굴을 땅에 대고 절을 합니다(10절). 이것은 구약성경에서 하나님께 예배할 때 종종 볼 수 있는 장면입니다. 사회적으로 신분이 낮은 자가 높은 자에게 보이는 모습이기도 합니다. 룻은 자기처럼 비천한 이방 여인에게 지체 높고 유력한 이스라엘 남자가 큰 자비를 베풀어 주니 엎드려 절하지 않을 수 없었습니다. 그리고 묻습니다.

> 나는 이방 여인이거늘 당신이 어찌하여 내게 은혜를 베푸시며 나를 돌보시나이까(10절).

룻의 물음에는 보아스에 대한 고마움과 놀라움이 배어 있습니다. 보아스는 오늘날 목회자들이 보여 주어야 할 목회적 돌봄이나, 성도들이 이웃에게 보여 주어야 할 환대의 정신을 매우 이상적으로 드러내고 있습니다.[14]

운데서 일하신다. 우병훈, 『기독교 윤리학』(복있는사람, 2019), 80-81.

[14] 이규현, 『내 인생에 찾아온 헤세드』, 125은 "이 장면에서 보아스가 한 일이 곧 목회입니다"라고 적고 있다.

보아스와 룻의 대화 (3) - 룻을 아는 보아스

룻의 질문에 보아스의 대답이 길게 이어집니다. 먼저 11절을 봅시다.

> 보아스가 그에게 대답하여 이르되 네 남편이 죽은 후로 네가 시어머니에게 행한 모든 것과 네 부모와 고국을 떠나 전에 알지 못하던 백성에게로 온 일이 내게 분명히 알려졌느니라.

여기서 보아스는 룻에 대한 중요한 사실들을 이미 알고 있음을 밝힙니다. 1장 19절에 나오미와 룻의 등장으로 온 성읍이 떠들썩해진 장면이 나옵니다.[15] 베들레헴처럼 작은 마을에 룻이라는 이방 여인이 고국을 떠난 지 10년이 넘은 시어머니 나오미와 함께 돌아오니, 그 소식이 삽시간에 퍼졌을 것입니다. 게다가 보아스는 나오미의 남편 엘리멜렉과 친척 관계여서 그 소문에 무관심했을 리 없습니다.

---

[15] "이에 그 두 사람이 베들레헴까지 갔더라 베들레헴에 이를 때에 온 성읍이 그들로 말미암아 떠들며 이르기를 이이가 나오미냐 하는지라"(룻 1:19).

'영적 관점으로' 볼 때, 보아스는 두 가지 이유로 자신이 룻에게 자비를 베푼다고 말합니다.[16]

첫째, 룻이 남편과 사별한 후 시어머니에게 자비를 행했기 때문입니다. 잠언 19장 17절은 "가난한 자를 불쌍히 여기는 것은 여호와께 꾸어 드리는 것이니 그의 선행을 그에게 갚아 주시리라"고 말합니다. 룻이 시어머니 나오미를 사랑으로 대하니 보아스가 룻을 사랑으로 대합니다. 이것이 하나님의 보상법입니다. 하나님의 보상은 받은 만큼 주는 일대일의 보상이 아니라 은혜로 넘치도록 부어 주시는 보상입니다.[17]

둘째, 룻이 부모와 고국을 떠나 전에 알지 못하던 백성, 즉 이스라엘 백성에게로 왔기 때문입니다. 창세기 12장에서 보듯이, 아브라함이 자기 고향과 친척과 아버지의 집을 떠나 하나님께서 보여 주시는 낯선 땅으로 나아간 것

---

16 앞에 나오는 사환의 관점과 대조된다. 사환의 관점이 나쁘다는 말은 아니다. 다만 보아스의 관점이 보다 더 신앙에 초점을 맞추고 있다.

17 이후의 이야기에서 밝혀지겠지만, 하나님의 보상은 룻의 선행 정도를 훨씬 뛰어넘는다. 이처럼 하나님의 은혜는 인간의 행위에 비례하지 않고 초월하여 풍성하게 주어진다. 하나님과 거래할 수 있는 사람은 아무도 없다. 오직 하나님께서 자비를 보여 주시는 덕분에 인간은 하나님 앞에서 살아갈 수 있다.

처럼 룻도 자기 고향과 친척과 아버지의 집을 떠나 나오미의 나라, 나오미의 민족에게로 나아갔습니다.[18] 그것은 시어머니 나오미에 대한 사랑에서 나온 행동이자, 이스라엘의 하나님에 대한 믿음에서 비롯된 결단이었습니다. 하나님은 하나님을 믿고 이웃에게 자비를 행하는 사람에게 반드시 은혜를 넘치도록 베풀어 주십니다. 하나님 나라의 분깃을 얻게 하십니다.

하나님의 날개 아래서 보호와 상급을 받다

이어서 보아스는 12절에서 이렇게 말합니다.

> 여호와께서 네가 행한 일에 보답하시기를 원하며 이스라엘의 하나님 여호와께서 그의 날개 아래에 보호를 받으러 온 네게 온전한 상 주시기를 원하노라.

보아스의 이 말은 구약성경에 나온 가장 아름다운 축

---

18 Block, *Judges, Ruth*, 662.

복의 문구 중 하나입니다. 하나님께서 룻의 선행에 보답하시기를 원한다는 것은 룻을 기억하시기를 원한다는 뜻입니다. 사실 이방 여인 룻은 보아스처럼 유력한 이스라엘 남자가 자신을 알아주는 것만으로도 큰 위로를 받았을 것입니다. 그런데 보아스는 그보다 더 큰 위로, 즉 하나님께서 알아주시는 위로를 그녀에게 기원하고 있습니다.

또한 보아스는 "이스라엘의 하나님 여호와께서 그의 날개 아래에 보호를 받으러 온 네게 온전한 상 주시기를 원하노라"고 말합니다. '하나님의 날개 아래서 보호하심'처럼 성경에서 아름다운 비유가 또 있을까요? 이사야 31장 5절은 "새가 날개 치며 그 새끼를 보호함같이 나 만군의 여호와가 예루살렘을 보호할 것이라"고 말합니다.[19] 성경에서 하나님의 날개는 안전과 평안의 장소(시 17:8-9, 57:1, 63:7), 새 힘을 얻는 장소(시 36:7-8), 소망의 장소(시 91:1-6)

---

19 다음 구절들도 참조하라. "마치 독수리가 자기의 보금자리를 어지럽게 하며 자기의 새끼 위에 너풀거리며 그의 날개를 펴서 새끼를 받으며 그의 날개 위에 그것을 업는 것같이 여호와께서 홀로 그를 인도하셨고 그와 함께한 다른 신이 없었도다"(신 32:11-12). "예루살렘아 예루살렘아 선지자들을 죽이고 네게 파송된 자들을 돌로 치는 자여 암탉이 그 새끼를 날개 아래에 모음같이 내가 네 자녀를 모으려 한 일이 몇 번이더냐 그러나 너희가 원하지 아니하였도다"(마 23:37).

로 묘사됩니다. 이것이 하나님께서 룻에게 주시는 "온전한 상"입니다. 그 상은 이후의 이야기에서 보듯이 양식을 얻는 것에서 시작해 보아스라는 남편을 맞이하는 것으로 확대되고, 결국에는 구원의 역사라는 드라마에 한 역할을 담당하는 결과로 이어집니다. 룻이 다윗의 조상이자 메시아의 길을 예비하는 자들 중 하나로 기록되기 때문입니다.

"온전한 상"은 한마디로 말해 하나님 자신을 말합니다. 창세기 15장 1절에서 하나님은 아브라함과 언약을 맺으시면서 "아브람아 두려워하지 말라 나는 네 방패요 너의 지극히 큰 상급이니라"고 말씀하셨습니다. 그 하나님께서 룻을 언약 백성으로 삼으시고 삶의 보호자이자 후원자요 영생의 아버지가 되어 주십니다. 룻은 더 이상 걱정할 게 없습니다. 언약 백성으로 삼으신 자들에게 하나님 자신이 직접 큰 상급이 되어 주시기 때문입니다.[20]

---

20 그러므로 소위 말하는 천국 상급에 대한 이해도 달라질 필요가 있다. 천국 상급을 너무 물질적으로만 이해해서는 안 된다. 아우구스티누스는 자신의 책에서 "상급"이란 "영생"을 뜻한다고 여러 번 강조한다. 아우구스티누스, 『요한 서간 강해』, 최익철 역, 이연학·최연오 해제·역주(분도출판사, 2011), 3.11, 5.12(177, 179, 253쪽). 특히 하나님께서 우리의 상급이 되신다면 더 이상 무엇을 바라겠는가? 천박한 상급론을 내세워 영원한 천국의 삶에조차 위계질서가 있는 것처럼 가르치는 신학은 중세적 공로주의의 변형에 불과하다.

보아스와 룻의 대화 (4) - 룻의 겸손한 고백

룻은 자신의 자격 없음을 보아스에게 고백합니다.

> 룻이 이르되 내 주여 내가 당신께 은혜 입기를 원하나이다 나는 당신의 하녀 중의 하나와도 같지 못하오나 당신이 이 하녀를 위로하시고 마음을 기쁘게 하는 말씀을 하셨나이다 하니라(13절).

여기서 우리는 하나님께서 룻에게 상급을 주신 것이 한편으로는 그녀의 사랑과 믿음의 행동 때문이지만, 다른 한편으로는 하나님의 자비와 은혜에 근거한다는 것을 알게 됩니다.

룻은 오갈 데 없는 이방 여인이고 과부였습니다. 그러나 보아스는 그녀의 행동을 보고 큰 자비를 베풉니다. 사실 그렇게 안 해도 됩니다. 그렇게 안 해도 뭐라고 할 사람이 없습니다. 그런데도 보아스는 자비를 베풀었습니다.

보아스의 자비에 대해 룻은 "나는 당신의 하녀 중의 하나와도 같지 못하오나 당신이 이 하녀를 위로하시고 마음을 기쁘게 하는 말씀을 하셨나이다"라고 고백합니다. "당신의 하녀 중의 하나와도 같지 못하[다]"는 것은 사회 신분상 가장 비천한 사람이라는 뜻입니다. 룻은 자신을 "하녀"라고 낮춰 부르고 있습니다. 그리고 보아스의 말이 자신에게 "위로"가 되고 "마음을 기쁘게 하는 말씀"이 된다고 말합니다. "마음을 기쁘게 하는 말씀"이란 원문으로 보면 '마음에 와 닿는 말씀'이라는 표현으로서 '사랑과 동정심이 가득 담긴 말'이라는 뜻입니다.[21] 자기처럼 비천한 사람을 보아스처럼 유력한 사람이 알아주고 세심하게 보살펴 주는 것에 룻은 큰 감동을 받았습니다. 룻은 그 안에서 하나님의 사랑을 느꼈을 것입니다. 이처럼 하나님의 위로는 사람과 사건을 통해 구체적으로 전달됩니다.

보아스와 예수 그리스도

본문에서 우리는 보아스의 태도를 눈여겨보아야 합니다. 그에게서 우리는 언약적 사랑(헤세드)이 성육신한 모습을

---

[21] 히브리어로 '디베르 알레브'다. Block, *Judges, Ruth*, 665.

보게 됩니다. 그의 말과 행동은 헤세드가 무엇인지 그대로 보여 줍니다. 보아스는 율법을 자구적으로 지키는 데서 그치지 않고, 율법의 정신을 이해하고 그 정신을 헤세드의 사랑으로 완성시켰습니다.[22] 그는 어떻게 그런 태도를 가지게 되었을까요?

마태복음 1장 5절은 "살몬은 라합에게서 보아스를 낳고 보아스는 룻에게서 오벳을 낳고 오벳은 이새를 낳고"라고 말합니다. 여기 나오는 라합이 여리고를 정탐하러 온 두 사람을 숨겨 준 여인이라고 보는 학자들도 있습니다. 그렇다면 보아스는 원래 이방인이었으나 믿음의 용기와 자비의 행동을 통해 이스라엘 백성으로 편입된 사람의 아들이 됩니다. 그런 추론이 사실이라면, 보아스는 자기 어머니가 언약 백성이 된 사연을 어려서부터 계속해서 들었을 것입니다. 그러면서 나그네, 특히 이방인 나그네를 잘 대접해야 한다는 것과 이방인도 이스라엘 백성이 될 수 있다는 사실을 배웠을 것입니다.

---

22 예수님의 말씀에서 그런 모습을 볼 수 있다. "또 너를 고발하여 속옷을 가지고자 하는 자에게 겉옷까지도 가지게 하며 또 누구든지 너로 억지로 오 리를 가게 하거든 그 사람과 십 리를 동행하고 네게 구하는 자에게 주며 네게 꾸고자 하는 자에게 거절하지 말라"(마 5:40-42).

그런데 더욱 중요한 점이 있습니다. 이러한 보아스의 모습이 예수 그리스도의 모습을 예표적으로 보여 준다는 것입니다. 우리가 죄인 되었을 때, 모든 것을 잃고 저 밑바닥으로 떨어졌을 때, 우리를 구하기 위해 예수 그리스도께서 오셨습니다. 그러지 않으셔도 되었지만, 주님은 우리에게 오셨고 크나큰 자비를 베풀어 주셨습니다. 우리의 처지를 누구보다 더 깊이 이해하고 동정하고 체휼하셨습니다. 그리고 우리에게 율법이 요구하는 바를 넘어선 긍휼을 베풀어 주셨습니다.

구원은 오직 은혜에 근거합니다. 우리의 믿음이나 선행 덕분에 그 큰 구원과 사랑을 받았다고 말하기에는 우리의 믿음과 선행은 너무나 보잘것없습니다. 그럼에도 불구하고 우리에게 구원이 주어진 까닭은 무엇입니까? 은혜로우신 하나님의 언약적 사랑 때문이라고 말할 수밖에 없습니다. 보아스의 타작마당에서 드러난 사랑은 장차 임할 예수 그리스도의 사랑을 앞당겨 보여 줍니다. 룻이 받은 은혜도 놀라운 것이었지만, 우리는 더 큰 은혜를 받았습니다. 우리는 그 은혜를 기억하며 감사해야 합니다. 그 은혜를 베풀어 주신 주님께 우리의 삶을 맡기고 의지해야 합니다. 주님께서 우리의 보아스가 되어 주십니다.²³ 그리고 우리가 보아스처럼 살아가도록 도와주십니다.

---

23   교부 세빌랴의 이시도르(Isidore of Seville, 라틴명: Isidorus Hispalensis, 약 560-636년 4월 4일)는 아무개와 보아스의 관계가 세례 요한과 그리스도의 관계를 예표한다고 설명한다. Franke, ed., *Old Testament IV: Joshua, Judges, Ruth, 1-2 Samuel*, 189: "이 단락은 세례 요한을 예표하는 것처럼 보입니다.…보아스가 룻에게 자신은 그녀의 친족이 아니라고 말했지만 이후에 룻은 보아스와 결합하게 되었습니다. 마찬가지로 그리스도는 교회의 참된 신랑이 되시며 모든 선지자들의 말씀이 선포하는 분이십니다. 그분은 전세계 모든 이방 나라의 이루 다 헤아릴 수 없는 백성들에게 영광 받으시며, 교회를 하나님 아버지께 드리겠다고 선포하십니다. 왜냐하면 그분[그리스도]의 친족[세례 요한]이 신발을 벗어 주었기 때문입니다."

○ 묵상 질문

1. 룻은 어떻게 보아스를 만나게 되었습니까?(2절)
2. 보아스의 사환은 룻을 어떻게 평가합니까?(5-7절)
3. 보아스는 룻에게 어떤 호의를 베풉니까?(8-9절) 살면서 이러한 친절을 받았거나 베푼 적이 있다면 나눠 봅시다.
4. 보아스와 룻의 대화에서 보아스의 신앙인다운 면모가 어떻게 드러나고 있습니까?(10-12절)

○ 함께 기도

1. 제 삶 속에서 하나님께서 항상 일하고 계심을 믿고 제가 해야 할 일을 부지런히 행하게 하소서.
2. 제가 베푼 작은 자비도 귀하게 보시고 크게 채워 주시는 하나님을 생각하며 더욱 더 자비를 베풀며 살게 하소서. 특히 주변의 나그네와 약자들을 돌아보게 하소서.
3. 살다가 힘든 일을 당해도 하나님의 날개 아래서 보호받고 있음을 믿으며 낙망하지 않고 주님을 바라보게 하소서.
4. 무가치한 제 인생에 예수님께서 생명을 주심에 감사하고, 그 생명을 전하며 살게 하소서.

○ 찬송

411장 아 내 맘속에
419장 주 날개 밑 내가 편안히 쉬네

6
기업 무를 자

룻기 2:14-23

14 식사할 때에 보아스가 룻에게 이르되 이리로 와서 떡을 먹으며 네 떡 조각을 초에 찍으라 하므로 룻이 곡식 베는 자 곁에 앉으니 그가 볶은 곡식을 주매 룻이 배불리 먹고 남았더라 15 룻이 이삭을 주우러 일어날 때에 보아스가 자기 소년들에게 명령하여 이르되 그에게 곡식 단 사이에서 줍게 하고 책망하지 말며 16 또 그를 위하여 곡식 다발에서 조금씩 뽑아 버려서 그에게 줍게 하고 꾸짖지 말라 하니라 17 룻이 밭에서 저녁까지 줍고 그 주운 것을 떠니 보리가 한 에바쯤 되는지라 18 그것을 가지고 성읍에 들어가서 시어머니에게 그 주운 것을 보이고 그가 배불리 먹고 남긴 것을 내어 시어머니에게 드리매 19 시어머니가 그에게 이르되 오늘 어디서 주웠느냐 어디서 일을 했느냐 너를 돌본 자에게 복이 있기를 원하노라 하니 룻이 누구에게서 일했는지를 시어머니에게 알게 하여 이르되 오늘 일하게 한 사람의 이름은 보아스니이다 하는지라 20 나오미가 자기 며느리에게 이르되 그가 여호와로부터 복 받기를 원하노라 그가 살아 있는 자와 죽은 자에게 은혜 베풀기를 그치지 아니하도다 하고 나오미가 또 그에게 이르되 그 사람은 우리와 가까우니 우리 기업을 무를 자 중의 하나이니라 하니라 21 모압 여인 룻이 이르되 그가 내게 또 이르기를 내 추수를 다 마치기

까지 너는 내 소년들에게 가까이 있으라 하더이다 하니 ²² 나오미가 며느리 룻에게 이르되 내 딸아 너는 그의 소녀들과 함께 나가고 다른 밭에서 사람을 만나지 아니하는 것이 좋으니라 하는지라 ²³ 이에 룻이 보아스의 소녀들에게 가까이 있어서 보리 추수와 밀 추수를 마치기까지 이삭을 주우며 그의 시어머니와 함께 거주하니라.

이방의 나그네를 환대한 보아스

보아스는 룻을 식사 자리로 초대하고 자기에게 가까이 오라고 말합니다(14절). 룻은 자신의 신분과 처지를 생각해서 멀리 물러나 있었던 것 같습니다. 보아스는 그녀에게 차려진 떡을 초에 찍어 먹으라고 권합니다. 마른 떡만 먹지 말고 소스와 함께 먹으라는 뜻입니다. 또한 "볶은 곡식"을 주었는데, 이것은 당시 이스라엘 사람들의 주식 중 하나였습니다(삼상 17:17, 25:18, 삼하 17:28 참조).[1] 히브리어 원문('바이

---

1 Block, *Judges, Ruth*, 667.

처바트 라흐')이 강조하듯이, 보아스는 볶은 곡식을 자기 손으로 직접 룻에게 주었습니다. 그것은 배불리 먹고 남을 만큼 많은 양이었습니다(14절).

고대 근동에서 음식을 함께 먹는 것은 친밀함의 표현입니다.[2] 특별히 룻과 같은 이방인에게 식사를 제공하는 것은 율법에 따라 따듯하게 환대하는 마음을 표현한 것입니다(창 18:1-8 참조). 율법은 "너희는 나그네를 사랑하라 전에 너희도 애굽 땅에서 나그네 되었음이니라"(신 10:19)고 적고 있습니다. 나그네를 대접하는 것은 언약 백성들이 신앙을 표현하는 하나의 방법이기도 합니다. 그것은 하나님의 성품을 나타내는 일이기 때문입니다. 하나님은 고아와 과부와 나그네를 돌보시는 분입니다(신 10:18).[3] 사실 이스라엘 백성들은 애굽 땅에서 나그네로 살았던 경험이 있

---

[2] 조약이나 언약을 맺을 때 식사를 하기도 했다. 이것을 '언약적 식사'라고 한다. 창세기 31:54, 출애굽기 24:11, 누가복음 2:14-20을 참조하라. Block, *Judges, Ruth*, 666. 장희종, 『주의 날개아래』, 145은 "보아스의 식탁 초대는 룻에게 성만찬인 셈입니다. 식탁 초대는 우리 주님이 택하신 은혜의 방편입니다"라고 말하며 성찬과의 연결성을 제시한다. 이러한 설명이 약간 과장된 면은 있지만, 성찬의 은혜를 누리는 성도들이 충분히 연결지어 생각할 수 있는 지점이다.

[3] "고아와 과부를 위하여 정의를 행하시며 나그네를 사랑하여 그에게 떡과 옷을 주시나니"(신 10:18).

습니다. 그래서 누구보다 나그네의 심정을 잘 압니다(출 22:21, 23:9)[4]. 나그네를 대접하는 것은 우리의 인생 자체가 나그네 인생임을 고백하는 신앙의 표현입니다.

신약시대에도 나그네 대접은 중요한 일이었습니다. 사도행전을 보면, 바울이라는 나그네를 환대했을 때 그 도시에 복음의 문이 열렸습니다. 감독의 자격 중 하나가 나그네를 잘 대접하는 것입니다.[5] 당시에 복음 전파자는 주로 나그네가 되어 여러 지역을 다니며 복음을 전했기 때문에 나그네 대접은 복음과도 중요한 관련이 있었습니다. 이런 점을 고려할 때 보아스는 율법을 잘 지키는 사람이요, 하나님의 성품을 닮은 사람이었음을 알 수 있습니다.

---

[4] "너는 이방 나그네를 압제하지 말며 그들을 학대하지 말라 너희도 애굽 땅에서 나그네였음이라"(출 22:21). "너는 이방 나그네를 압제하지 말라 너희가 애굽 땅에서 나그네 되었은즉 나그네의 사정을 아느니라"(출 23:9).

[5] "그러므로 감독은 책망할 것이 없으며 한 아내의 남편이 되며 절제하며 신중하며 단정하며 나그네를 대접하며 가르치기를 잘하며"(딤전 3:2). "선한 행실의 증거가 있어 혹은 자녀를 양육하며 혹은 나그네를 대접하며 혹은 성도들의 발을 씻으며 혹은 환난 당한 자들을 구제하며 혹은 모든 선한 일을 행한 자라야 할 것이요"(딤전 5:10). "오직 나그네를 대접하며 선행을 좋아하며 신중하며 의로우며 거룩하며 절제하며"(딛 1:8). 이에 대한 자세한 설명은 우병훈, 『삼위일체 하나님의 교회와 직분』(출간 예정)의 '장로' 편을 참조하라. 나그네 대접과 복음의 문을 여는 것의 관련성에 대해서는 다음의 논문을 참조하라. Joshua W. Jipp, *Divine Visitations and Hospitality to Strangers in Luke-Acts: An Interpretation of the Malta Episode in Acts 28:1-10* (Leiden: Brill, 2013).

어떤 사람들은 보아스가 룻에게 이성적으로 끌려서 그녀를 잘 대해 준 건 아닌지 묻습니다. 그러나 성경은 보아스와 룻 사이에 로맨틱한 끌림이 있었다는 그 어떤 힌트도 주지 않습니다.[6] 보아스는 다만 나그네이자 과부인 룻에게 '헤세드의 사랑', 즉 동정과 자비와 관용과 포용의 사랑을 보여 주었습니다.

나그네 대접은 오늘날에도 중요합니다. 저는 유학 시절 세계개혁교회협회(World Alliance of Reformed Churches)에 칼빈신학교 학생 대표로 참석한 적이 있습니다. 그때 현대 교회의 중요한 특징에 대해 토론했는데, 가장 중요한 특징이 '유동성'(mobility)이었습니다. 전세계적으로 사람들이 계속해서 움직이고 있습니다. 한국 교회도 예외가 아닙니다. 도시에 있는 교회들은 몇 년 사이에 아마도 교인의 상당수가 교체될 것입니다. 그러므로 우리 교회에서 오랫동안 함께 지낼 사람만 잘해 줄 생각을 하면 안 됩니다. 단 하루를 방문하더라도 나그네를 대접하는 심정으로 성도의 교제를 나누어야 합니다. 더군다나 한국 사회는 점점

---

6 Block, *Judges, Ruth*, 667.

더 다문화사회가 되어 가고 있습니다. 우리는 다문화가정에 대해서도 열린 자세로 준비를 해야 합니다. 그것이 나그네를 돌보시는 하나님을 믿는 사람의 태도입니다.

한 에바나 되는 보리

보아스는 룻이 곡식을 많이 주울 수 있도록 특별히 배려합니다. 단 사이에서 이삭을 줍게 했고, 많이 줍더라도 소년들이 그녀를 책망하지 못하게 했습니다(15절). 오히려 그녀를 위해 곡식 다발에서 이삭을 조금씩 뽑아 버려서 곡식을 더 많이 줍도록 도왔습니다.

그렇게 해서 룻은 그날 하루 동안 한 에바나 되는 보리를 주웠습니다(17절). 한 에바는 22리터에서 36리터 정도 되는 엄청난 양입니다. 무게로 따지자면 13.6킬로그램에서 23.6킬로그램 정도가 됩니다. 한 여인이 하루 동안 이렇게 많은 보리를 주웠다는 것은 상상하기 힘듭니다. 룻이 열심히 일하기도 했지만, 무엇보다 보아스가 배려한 덕분입니다. 한 자루나 되는 햇보리를 지고 집으로 돌아가는 룻의 마음이 어땠을까요? 이처럼 보아스는 단순히 율법을 지키는 것을 넘어 율법의 정신을 아는 사람은 넘치게 주고도 또 주는 '헤세드 사랑'의 실천자라는 사실을 잘 보여 주었습니다.

기업 무를 자의 발견

룻은 성읍에 들어가서 나오미에게 그날 주운 보리를 보여 드렸습니다(18절). 그리고 남겨 온 음식도 드렸습니다. 나오미는 몹시 놀라서 묻습니다. "오늘 어디서 주웠느냐. 어디서 일을 하였느냐. 너를 돌본 자에게 복이 있기를 원하노라." 룻은 "오늘 일하게 한 사람의 이름은 보아스니이다"라고 대답했습니다(19절). 나오미의 얼굴에 밝은 빛이 돌았습니다. 나오미가 "그 사람"이라고 부른 보아스는 가까운 친족으로서 그들의 "기업을 무를 자 중의 하나"이기 때문입니다(20절). 나오미는 체념의 상태에서 벗어날 수 있는 한 줄기 희망을 보았습니다. 죽은 남편 엘리멜렉의 땅을 다시 회복할 수 있는 길을 발견했기 때문입니다. 이런 일이 어떻게 가능한지 알려면 율법의 중요한 제도들을 이해하고 있어야 합니다.

구약성경에 여러 언약들이 나오지만, 그중에 꼭 알아야 하는 것이 아브라함 언약과 모세 언약입니다. 아브라함 언약에 대해서는 앞서 '아브라함의 오각형'(땅, 자손, 명성, 관계, 복)으로 설명했습니다. 모세 언약이 중요한 것은 율법 때문입니다. 율법을 이해하지 못하면 구약성경의 역사서와 시가서와 선지서를 제대로 이해하기 힘듭니다. 이 본문도 마찬가지입니다.

땅은 하나님의 것이다

율법에 따르면 이스라엘에는 기업과 관련해 두 가지 중요한 규정이 있습니다. 하나는 땅에 대한 규정입니다. 레위기 25장 25절을 보십시오.

> 만일 네 형제가 가난하여 그의 기업 중에서 얼마를 팔았으면 그에게 가까운 기업 무를 자가 와서 그의 형제가 판 것을 무를 것이요.

약속의 땅 가나안은 원칙적으로 하나님의 소유입니다.

그 땅은 하나님께서 아브라함에게 주신 언약에 기초하여 이스라엘 백성들에게 주신 것이기 때문입니다(창 12:1-3). 그러므로 누구도 자기 것으로 독점할 수 없습니다. 만일 어떤 사람이 가난해서 땅을 팔았더라도 가까운 친족이 그 땅을 다시 사 와야 합니다. 이것을 "기업 무를 자", 히브리어로 '고엘'이라고 합니다.[7] 기업 무를 자가 없는 경우에는 그 땅을 산 사람이 희년이 될 때까지만 소유하고 있다가 희년이 되면 원래 주인에게 되돌려 주어야 합니다. 이처럼 이스라엘 백성들은 땅을 영구적으로 팔지 못했습니다. 원칙적으로 땅은 하나님의 것이기 때문입니다.[8]

형사취수제

'고엘 제도'와 더불어 기업과 관련된 또 하나의 중요한 규정

---

[7] 이규현, 『내 인생에 찾아온 헤세드』, 150은 "당시 집안의 남자 가장이라면 누구든지 잠재적 고엘이었습니다"라고 강조한다.

[8] 이처럼 기업을 다른 사람에게 빼앗길 수 없다는 사실을 알면, 하나님께서 자기 백성을 하나님의 기업으로 삼으신 의미를 깨닫게 된다(신 4:20, 9:29, 14:2, 엡 1:11 등). 신약에서 하나님께서 자기 백성을 사셨다는 표현의 의미 또한 알게 된다(행 20:28, 고전 6:19-20, 고전 7:23, 벧후 2:1, 계 5:9). 하나님은 결코 자기 백성을 포기하지 않으신다.

은 '형사취수제'(兄死取嫂制)입니다. '수혼'(嫂婚, levirate)이라고도 부르는 독특한 제도입니다. 신명기 25장 5-6절을 보십시오.

> ⁵ 형제들이 함께 사는데 그중 하나가 죽고 아들이 없거든 그 죽은 자의 아내는 나가서 타인에게 시집 가지 말 것이요 그의 남편의 형제가 그에게로 들어가서 그를 맞이하여 아내로 삼아 그의 남편의 형제 된 의무를 그에게 다 행할 것이요 ⁶ 그 여인이 낳은 첫 아들이 그 죽은 형제의 이름을 잇게 하여 그 이름이 이스라엘 중에서 끊어지지 않게 할 것이니라.

형사취수제란 형제가 있는 집안의 경우, 기혼 남성이 아들 없이 죽으면 그의 형제가 남겨진 형수 또는 제수를 취하여 대를 잇게 하는 제도입니다. 이렇게 하여 이스라엘 백성들의 지파와 가족이 대대로 이어지게 했습니다. 이 또한 종족의 보전과 함께 기업의 보전을 위한 일이었습니다.

고엘과 형사취수제 모두 하나님께서 주신 '기업'이 그 가문 대대로 이어지게 만든 사회적 장치입니다. 이러한 제도들은 사회적 의의도 있지만 영적 의미도 있습니다. 신명기 32장 9절에는 "여호와의 분깃은 자기 백성이라 야곱은 그가 택하신 기업이로다"라는 말씀이 나옵니다. 여기서 말하는 "분깃"(헬렉)은 하나님과 백성 사이의 특별한 관계를 뜻합니다. "기업"(나할라)은 대대로 이어지는 고유한 재산을 가리킵니다. 이러한 분깃과 기업은 함부로 다른 사람에게 양도하거나 빼앗길 수 없습니다. 그만큼 이스라엘 백성들은 하나님의 특별한 소유라는 말씀입니다.

신약시대를 살아가는 우리는 하나님의 소유가 된다는 것이 얼마나 놀라운 특권인지 더욱 확실히 알 수 있습니다. 하나님께서 그리스도의 핏값으로 우리를 사셨고, 그리스도 안에서 우리는 그분의 자녀가 되었기 때문입니다. 우리의 아버지가 되시는 하나님께서 우리의 유익을 위해 모든 것이 합력하여 선을 이루도록 하십니다(하이델베르크 요리문답 제1문답, 제9문답).

보아스, 기업 무를 자

나오미의 경우에는 고엘 제도와 형사취수제 두 가지가 모두 필요했습니다. 그녀는 죽은 남편 엘리멜렉의 뒤를 이을 자손과, 엘리멜렉의 땅을 다시 찾아줄 사람이 필요했습니다. 형사취수제를 통해 고엘을 찾아야 하는 형편이라고 볼 수 있습니다. 그녀가 생각하기에 보아스는 이 두 가지를 다 해 줄 수 있는 사람이었습니다. 하나님의 자비를 아낌없이 베푸는 것을 보니 룻의 남편이 되어 줄 뿐 아니라 기업 무를 자의 의무 또한 해줄 것이라고 기대되었습니다. 그래서 나오미는 룻에게 다른 밭으로 가지 말고 보아스의 밭에서만 일하라고 지시합니다. 그리고 룻은 시어머니의 말씀에 순종합니다.

> 이에 룻이 보아스의 소녀들에게 가까이 있어서 보리 추수와 밀 추수를 마치기까지 이삭을 주우며 그의 시어머니와 함께 거주하니라(23절).

룻은 보리 추수와 밀 추수를 마치기까지 약 6-7주 동안 계속 보아스의 밭에서 이삭을 주웠습니다.[9] 우리는 여기에서 약속과 성취 사이에 기다림의 시간이 있음을 보

---

9 Block, *Judges, Ruth*, 677: "룻은 6주에서 7주간 밭에 나가 있었음이 틀림없는데, 그 기간은 우리가 쓰는 달력으로 4월 하순에서 7월 초순까지다."

게 됩니다. 하나님은 우리에게 말씀을 주시고, 그 말씀을 믿는 사람들로 하여금 말씀이 약속한 바를 얻게 하십니다. 그런데 말씀과 현실, 약속과 성취 사이에는 믿음과 인내를 가지고 기다리는 시간이 필요합니다. 많은 사람들이 기다림을 참지 못하고 포기해 버립니다. 하나님의 말씀이나 약속이 허술한 게 아니라 우리의 믿음이 연약해서 그 열매를 보지 못하는 것입니다.

우리는 여기에서 다시 한번 히브리서 11장 1절을 떠올리게 됩니다. "믿음은 바라는 것들의 실상이요 보이지 않는 것들의 증거니." 바라는 것들과 보이지 않는 것들을 실체와 증거로 경험하기 위해서는 기다림이 필요합니다. 그러므로 믿음과 가장 가까운 말은 다름 아니라 인내입니다. 사실 성경이 가르치는 가장 중요한 세 가지 덕목인 믿음, 소망, 사랑과 가장 가까운 단어가 인내입니다(히 11:7, 8, 살전 1:3, 고전 13:4). 룻은 인내할 줄 알았습니다. 그리하여 그녀의 삶에 믿음과 소망과 사랑의 열매를 맺습니다.

○ 묵상 질문

1. 보아스가 룻을 대하는 모습을 요약해 봅시다(14-16절).
2. 나그네를 환대하는 것은 언약 백성으로서 갖추어야 할 중요한 삶의 태도입니다. 우리 주변에 있는 '나그네'들은 누구입니까? 나는 그들을 어떻게 대하고 있는지 돌아봅시다.
3. 나오미는 보아스에 대해 듣자 "기업 무를 자"에 대해 말합니다(20절). "기업 무를 자"란 무엇입니까? 하나님은 왜 이런 제도를 두셨을까요?
4. '형사취수제'란 무엇입니까? 구약의 언약 백성들에게 이 제도는 왜 중요했습니까?

○ 함께 기도

1. 교회에 잠시 방문하는 나그네들에게도 사랑을 베풀게 하소서.
2. 저를 하나님의 기업으로 삼아 주신 주님께 감사드립니다.

○ 찬송

435장 나의 영원하신 기업
484장 내 맘의 주여 소망 되소서

7
일생일대의 결단

롯기 3:1-18

¹ 룻의 시어머니 나오미가 그에게 이르되 내 딸아 내가 너를 위하여 안식할 곳을 구하여 너를 복되게 하여야 하지 않겠느냐 ² 네가 함께하던 하녀들을 둔 보아스는 우리의 친족이 아니냐 보라 그가 오늘밤에 타작마당에서 보리를 까불리라 ³ 그런즉 너는 목욕하고 기름을 바르고 의복을 입고 타작마당에 내려가서 그 사람이 먹고 마시기를 다 하기까지는 그에게 보이지 말고 ⁴ 그가 누울 때에 너는 그가 눕는 곳을 알았다가 들어가서 그의 발치 이불을 들고 거기 누우라 그가 네 할 일을 네게 알게 하리라 하니 ⁵ 룻이 시어머니에게 이르되 어머니의 말씀대로 내가 다 행하리이다 하니라 ⁶ 그가 타작마당으로 내려가서 시어머니의 명령대로 다 하니라 ⁷ 보아스가 먹고 마시고 마음이 즐거워 가서 곡식 단 더미의 끝에 눕는지라 룻이 가만히 가서 그의 발치 이불을 들고 거기 누웠더라 ⁸ 밤중에 그가 놀라 몸을 돌이켜 본즉 한 여인이 자기 발치에 누워 있는지라 ⁹ 이르되 네가 누구냐 하니 대답하되 나는 당신의 여종 룻이오니 당신의 옷자락을 펴 당신의 여종을 덮으소서 이는 당신이 기업을 무를 자가 됨이니이다 하니 ¹⁰ 그가 이르되 내 딸아 여호와께서 네게 복 주시기를 원하노라 네가 가난하건 부하건 젊은 자를 따르지 아니하였으니 네가 베푼 인애가 처음보다

나중이 더하도다 [11] 그리고 이제 내 딸아 두려워하지 말라 내가 네 말대로 네게 다 행하리라 네가 현숙한 여자인 줄을 나의 성읍 백성이 다 아느니라

[12] 참으로 나는 기업을 무를 자이나 기업 무를 자로서 나보다 더 가까운 사람이 있으니 [13] 이 밤에 여기서 머무르라 아침에 그가 기업 무를 자의 책임을 네게 이행하려 하면 좋으니 그가 그 기업 무를 자의 책임을 행할 것이니라 만일 그가 기업 무를 자의 책임을 네게 이행하기를 기뻐하지 아니하면 여호와께서 살아 계심을 두고 맹세하노니 내가 기업 무를 자의 책임을 네게 이행하리라 아침까지 누워 있을지니라 하는지라

[14] 룻이 새벽까지 그의 발치에 누웠다가 사람이 서로 알아보기 어려울 때에 일어났으니 보아스가 말하기를 여인이 타작마당에 들어온 것을 사람이 알지 못하여야 할 것이라 하였음이라 [15] 보아스가 이르되 네 겉옷을 가져다가 그것을 펴서 잡으라 하매 그것을 펴서 잡으니 보리를 여섯 번 되어 룻에게 지워 주고 성읍으로 들어가니라

[16] 룻이 시어머니에게 가니 그가 이르되 내 딸아 어떻게 되었느냐 하니 룻이 그 사람이 자기에게 행한 것을 다 알리고 [17] 이르되 그가 내게 이 보리를 여섯 번 되어 주며 이르기를 빈손으로 네 시어

머니에게 가지 말라 하더이다 하니라 ¹⁸ 이에 시어머니가 이르되 내 딸아 이 사건이 어떻게 될지 알기까지 앉아 있으라 그 사람이 오늘 이 일을 성취하기 전에는 쉬지 아니하리라 하니라.

룻과 보아스

룻기 1장에서는 나오미가, 2장에서는 룻이 주인공이었다면, 3장과 4장에서는 보아스가 중요한 역할을 합니다. 괴테는 룻기를 가리켜 "전원 문학으로서 우리에게 전해진 가장 사랑스럽고 완벽한 단편"이라고 말했습니다. 룻과 보아스의 아름다운 이야기를 두고 한 표현입니다.[1]

'보아스'라는 이름의 의미는 확실하지 않지만 많은 사람들이 '강력한 자'라는 뜻이 있다고 추정합니다. '룻'의 의미 역시 불확실하지만 '위로'라는 의미가 있다고 보는 이들이

1　Eugene F. Roop, *Ruth, Jonah, Esther, Believers Church Bible Commentary* (Scottdale, PA: Herald Press, 2002), 16: "독일의 위대한 작가 괴테(1749-1832)는 우리에게 전해진 모든 서사시와 전원문학들 가운데 룻기야말로 가장 아름다운 단편이라고 묘사한다"(Heinemann: 342-343). 괴테의 말은 장희종, 『주의 날개아래』, 28에서 재인용함.

많습니다.² 그렇게 본다면 시어머니 나오미에게 '위로'를 주었던 룻이 '강력한 자' 보아스를 만나서 더 큰 위로를 얻는 이야기가 룻기인 셈입니다.

나오미의 위험한 계획

1절을 보면, 나오미는 룻에게 "내 딸아 내가 너를 위하여 안식할 곳을 구하여 너를 복되게 하여야 하지 않겠느냐"라고 말합니다. 여기서 "안식할 곳"(마노아흐)은 지속적으로 거주할 수 있는 쉼의 장소를 가리킵니다. 나오미는 단지 떨어진 이삭을 주워서 연명하는 삶이 아니라 보다 든든한 안식처를 찾아야 한다고 말합니다.³ 이를 위해 나오미는 룻에게 중요한 사항을 지시합니다.

> ³ 그런즉 너는 목욕하고 기름을 바르고 의복을 입고 타작마당

---

2   Hubbard, *The Book of Ruth*, 94(룻), 134-135(보아스). 그러나 룻기에서 이들 이름의 의미를 가지고 언어유희를 하는 부분은 없으므로 크게 신경 쓸 필요는 없다.

3   2절에서 나오미가 보아스를 "네가 함께하던 하녀들을 둔 보아스"라고 부른 까닭은 아마도 룻이 함께 지낸 하녀들에 대해 말을 많이 했기에 그렇게 표현한 것 같다.

에 내려가서 그 사람이 먹고 마시기를 다 하기까지는 그에게 보이지 말고 4 그가 누울 때에 너는 그가 눕는 곳을 알았다가 들어가서 그의 발치 이불을 들고 거기 누우라 그가 네 할 일을 네게 알게 하리라 하니(3-4절).

보리 추수와 밀 추수가 이루어진 지난 두 달 동안 나오미와 룻은 보아스가 어떤 사람인지 충분히 지켜보았습니다(룻 2:23).[4] 과연 그는 하나님만을 신뢰하고 율법을 지키며 가난한 자를 불쌍히 여기는, 영적인 면과 물질적인 면 모두에서 유력한 자였습니다. 이제 나오미와 룻에게 결단의 순간이 왔습니다. 그들은 보아스를 기업 무를 자로 삼고 싶었지만, 보아스는 기업 무를 자로 선뜻 나서지 않습니다. 여기에는 두 가지 이유가 있습니다.

첫째는 4장에서 보듯이 자기보다 더 가까운 친족이 있었기 때문입니다. 아무리 자기가 율법을 잘 지키는 사람

---

4   "이에 룻이 보아스의 소녀들에게 가까이 있어서 보리 추수와 밀 추수를 마치기까지 이삭을 주우며 그의 시어머니와 함께 거주하니라"(룻 2:23). 장희종, 『주의 날개아래』, 172: "고대 유대사회에서는 4월 하순에 보리를 추수하기 시작해서 6월 초순 밀 추수를 마칠 때까지 약 7주 사이에 모든 추수를 마칩니다. 이 기간에 민족적인 대축제인 칠칠절(오순절)이 포함되어 있습니다."

이라 해도 다른 사람이 먼저 지킬 기회까지 빼앗아 가며 지킬 수는 없습니다. 그래서 보아스는 기다렸습니다.

둘째는 추수기는 몹시 바빠서 시기상 결혼할 수 있는 때가 아니었기 때문입니다. 구약시대 이스라엘의 결혼식은 우리네처럼 하루 만에 끝나지 않았습니다. 동네 사람들을 초청해서 적어도 일주일 동안 축제를 벌였습니다(창 29:27 참조). 따라서 일손이 부족한 추수기에 결혼식을 하는 건 상식에 어긋납니다. 그래서 보아스는 때를 기다렸습니다.

하지만 나오미와 룻의 입장에서 보면 속이 타 들어갑니다. 추수기가 끝나고 나면 언제 다시 보아스를 만나게 될는지 알 수 없습니다. 나오미는 고민 끝에 한 가지 제안을 합니다. 룻더러 보아스가 자는 곳에 가서 그의 발치 이불을 들고 거기에 누우라는 것입니다. 얼핏 보면 이 계획은 위험하고도 이상합니다. 보통 정숙한 여인이라면 하지 않을 행동을 시어머니가 시키고 있습니다. 그러나 룻은 자기 생각은 접어두고 시어머니의 말씀을 실제로 행동에 옮깁니다.

신앙인의 생애적 결단

룻은 보아스가 먹고 마시고 마음이 즐거워서 곡식 단 더미 끝에 누웠을 때, 가만히 가서 그의 발치 이불을 들고 거기에 누웠습니다(7절). 보아스가 밤중에 자다가 인기척에 놀라 몸을 돌이켜 보니 한 여인이 발치에 누워 있는 게 아닙니까?(8절) 이 본문을 잘못 해석하면 룻이 창녀로 둔갑하여 보아스를 유혹하려는 것으로 오해할 수 있습니다. 그러나 성경에는 그런 암시가 나오지 않습니다.[5] 과부가 된 여인이 친족을 찾아가 기업 무를 자가 되어 달라고 부탁하는 것은 율법에 저촉되는 행동이 아닙니다. 다만 나오미의 계획이 위험했던 것은, 보아스에게 기업 무를 자가 되도록 결단을 촉구하는 과감한 행동을 룻에게 시켰기 때문입니다. 그것은 나오미와 룻이 하나님께만 의지하여 자신들의 모든 것을 걸고 내린 신앙적 결단이었습니다.

상황은 아주 복잡 미묘하고 위험성이 컸습니다.[6] 일이

---

[5] 학자에 따라서 그렇게 해석하는 이들도 있지만, 대니얼 블록은 그런 짐작은 본문이 말하는 것을 넘어서는 추측일 뿐이라고 설득력 있게 논증한다.

[6] 다음 주석에서 가져온 문장을 약간 수정했다. Block, *Judges, Ruth*, 687: "계획의 섬세함은 분명하며, 흉사의 가능성은 극단적이다."

잘못될 경우 보아스가 룻을 범하고 그녀에게 상처만 줄 수도 있습니다. 어쩌면 룻의 의도를 오해하여 그녀를 음란한 여자라고 고발할 수도 있습니다. 그러나 보아스가 진정 경건하고 지혜로운 사람이며 룻을 사랑하고 있다면, 룻의 의도를 파악하고 정식으로 절차를 거쳐 그녀를 아내로 삼고, 죽은 엘리멜렉의 기업 무를 자가 되어 줄 테지요. 나오미는 마지막 선택지가 이루어지기를 바라며 밤중에 장막에 혼자 있을 보아스에게 룻을 보냈습니다. 룻 또한 지난 두 달 동안 보아스를 지켜보면서 그가 함부로 그녀를 범하거나 그녀의 의도를 오해하지 않을 것이라고 확신했습니다. 오히려 분명 기업 무를 자가 되어 주고, 그 일을 하나님의 말씀에 따라 지혜롭게 진행해 줄 것이라고 생각했습니다. 무엇보다 나오미와 룻은 이 중요한 결정 앞에서 하나님을 신뢰했습니다. 사람이 마음으로 자기의 길을 계획할지라도 그의 걸음을 인도하시는 이는 여호와시기 때문입니다(잠 16:9).

신앙인으로 살다 보면 오직 하나님만을 믿고 자신의 모든 것을 걸어야 하는 순간이 찾아옵니다. 본토 친척 아비 집을 떠났던 아브라함, 보디발 아내의 유혹을 물리친 요

셉, 모세를 나일 강물에 띄워 보낸 그의 어머니와 누나, 지팡이 하나만 가지고 바로 앞에 섰던 모세, 여리고를 향해 돌격한 여호수아, 골리앗 앞에 선 다윗, 힘이 강한 자와 약한 자 사이에는 주밖에 도와줄 이가 없다고 기도한 아사 왕(대하 14:11), 죽으면 죽으리라 각오하고 왕 앞에 나아갔던 에스더, 헤롯 앞에서도 담대하게 하나님 나라를 선포하며 메시아의 길을 예비한 세례 요한 등. 이들 모두는 오직 하나님만을 믿고서 일생일대의 결단을 내린 사람들입니다. 바로 이들을 통해 하나님은 구원 역사의 수레바퀴를 돌리며 하나님 나라의 역사를 진행시켜 가셨습니다.

룻에 대한 보아스의 평가

9절에서 룻은 보아스에게 "나는 당신의 여종 룻이오니 당신의 옷자락을 펴 당신의 여종을 덮으소서"라고 말합니다. 여기에 사용된 단어 '옷자락'이란 히브리어로 '카나프'로서 2장 12절에서 사용된 '날개'와 동일한 단어입니다. 구약성경에서 '카나프'는 어미새가 새끼새를 자기 날개 아래에 두고 보호할 때 사용하는 단어입니다. 종종 이 단어는 하나님의 적극적인 보호와 위로하시는 은혜를 상징합니다. 언약 관계에 있는 백성들을 보호하고 다스리실 때 '카나프', 즉 '날개'라는 단어가 사용되었습니다. 전능자의 날개 아래로 피하고 싶어한 룻은 결국 보아스의 옷자락 아래서 보호를 받습니다.[7] 하나님께서 보아스를 통해 룻에게 자비를 보여 주신 것입니다.

장막에서 밤중에 자기 발치에 엎드려 있던 룻의 말을 들은 보아스는, 그녀의 행동과 말을 음란한 시도로 오해할 수도 있었습니다. 그러나 보아스는 룻의 의도를 정확하게 파악했습니다. 그것은 음란한 행동이 아니라 시어머니 나오미를 위한 사랑과 희생의 행동이었습니다. 보아스는 룻에게 이렇게 말합니다. "내 딸아 여호와께서 네게 복 주시기를 원하노라 네가 가난하건 부하건 젊은 자를 따르지

---

[7] 어떤 주석가는 에스겔 16:8에 근거하여 여기서 룻이 "당신의 옷자락을 펴 당신의 여종을 덮으소서"라고 말한 것을 성적 관계를 맺자고 제안한 것이라고 해석한다. 그러나 룻이 여기서 청혼을 요구한 것은 맞지만 말 자체가 성적인 암시를 가진 것은 아니다. 에스겔 16:8에서도 역시 "내 옷으로 너를 덮어"라는 말은 오히려 "벌거벗은 것을 가리고"라는 말이 곧장 뒤따라 오는 것을 볼 때 '보호'를 뜻하지 '성관계'를 뜻하는 것은 아니다. "내가 네 곁으로 지나며 보니 네 때가 사랑을 할 만한 때라 내 옷으로 너를 덮어 벌거벗은 것을 가리고 네게 맹세하고 언약하여 너를 내게 속하게 하였느니라 나 주 여호와의 말이니라"(겔 16:8).

아니하였으니 네가 베푼 인애가 처음보다 나중이 더하도다"(10절).

룻은 마음만 먹으면 다른 남자를 만나 결혼할 수도 있었을 것입니다. 어쩌면 보아스보다 조건이 더 좋은 남자에게 시집갈 수 있었을지도 모릅니다. 이미 베들레헴 마을에 룻을 좋게 보는 사람들이 많았기 때문입니다. 어쩌면 그녀는 젊은 남자를 만나 결혼하고 싶었을지도 모릅니다. 청상과부가 되어 고생을 많이 했기 때문에 기왕 결혼한다면 평생 해로할 수 있는 남자를 택하고 싶었을지도 모릅니다. 하지만 룻은 그렇게 하지 않았습니다. 나오미 때문이었습니다. 룻이 다른 남자를 만나서 결혼하면 자신은 행복하게 살 수 있을지 모르지만, 나오미에게 그 일은 전혀 도움이 안 됩니다. 나오미는 지금 죽은 남편의 기업 무를 사람을 찾고 있기 때문입니다.

룻은 시어머니에 대한 충절을 끝까지 지키기를 원했고, 바로 그 때문에 다른 남자들에게 전혀 눈길을 주지 않고 오직 보아스만을 바라봅니다. 그것을 알고서 보아스는 "네가 베푼 인애(헤세드)가 처음보다 나중이 더하도다"(10

절)라고 칭찬합니다.[8] 또한 "네가 현숙한 여자인 줄을 나의 성읍 백성이 다 아느니라"(11절)고 말합니다. "현숙한 여자"에 대해 말하는 성경은 잠언 31장입니다. 히브리 성경의 배열에 따르면 잠언 다음에 룻기가 나옵니다. 마치 룻이야말로 잠언이 말하는 현숙한 여인이라고 말해 주는 것 같습니다.[9]

예수님은 율법의 가장 큰 계명이 하나님을 사랑하는 것과 이웃을 내 몸과 같이 사랑하는 것이라고 말씀하셨습니다. 현숙한 여인 룻은 하나님의 계명을 지켰습니다. 모압의 신들을 사랑하지 않고 하나님을 사랑했습니다. 시어머니 나오미를 자기 몸과 같이 사랑했습니다. 우리 역시 인생의 중요한 일을 판단할 때 내게 좋은 것만을 기준으로 판단해서는 안 됩니다. 어떻게 하면 하나님께 더 큰 영광이 될지, 이웃에게 더 큰 유익이 될지를 생각하고 판단해야 합니다. 바로 그것이 신앙인이 세상 사람과 다른 점입니다.

---

8   Block, *Judges, Ruth*, 694 참조. 블록은 내가 한 설명처럼 확실하게 말하지는 않지만 상당한 힌트를 준다.

9   "그리고 이제 내 딸아 두려워하지 말라 내가 네 말대로 네게 다 행하리라 네가 현숙한 여자인 줄을 나의 성읍 백성이 다 아느니라"(룻 3:11). "누가 현숙한 여인을 찾아 얻겠느냐 그의 값은 진주보다 더 하니라"(잠 31:10).

경건하고 지혜로운 보아스

보아스는 12절 이하에서 이 일을 진행시킬 가장 좋은 안을 룻에게 설명합니다. 보아스가 기업 무를 사람이 되면 좋겠으나 기업 무를 자로서 보아스보다 더 가까운 사람이 있다는 것이 문제였습니다. 보아스는 법대로 일을 진행하기를 원했습니다. 먼저 그 사람에게 선택권을 주고, 그 다음에 자신이 결정하는 것입니다.

우리는 간혹 목표와 의도가 좋으면 절차는 무시해도 된다고 생각할 때가 있습니다. 그러나 그것은 하나님의 방법이 아닙니다. 하나님은 언제나 선한 일을 선한 목표와 선한 의도를 가지고 선한 방법을 통해 달성하십니다. 교회일을 할 때에도 이 사실을 기억해야 합니다. 아무리 의도가 선하다고 해도 절차상의 질서를 무시하면 반드시 반발이 생기고 후유증이 남습니다. 보아스는 경건할 뿐 아니라 지혜로운 사람이었습니다.

건덕의 사람 보아스

14절에 보면 보아스는 룻에게 또 다시 인애를 베풉니다. 일단 그는 룻이 정숙한 여인이라는 평판을 지켜주기를 원했습니다. 그래서 룻이 타작마당에 들어온 것을 다른 사람들이 알지 못하게 하려고 어두울 때 그녀를 집으로 돌려보냅니다. 이것은 보아스가 덕을 세우기 원하는 사람임을 알려 줍니다. 우리는 나만 떳떳하면 다른 사람이야 뭐라고 생각하든 상관없다는 식으로 행동할 때가 있습니다. 그러나 그것은 덕을 세우는 태도가 아닙니다.

사도 바울은 "모든 것이 가하나 모든 것이 유익한 것은 아니요 모든 것이 가하나 모든 것이 덕을 세우는 것은 아니니 누구든지 자기의 유익을 구하지 말고 남의 유익을 구하라"(고전 10:23-24)고 말했습니다.[10] 신자라면 언제나 하나님 중심으로, 그리고 다른 사람을 중심으로 생각할 줄 알아야 합니다. 쓸데없이 오해를 살 만한 행동을 하고, 남들에게 비난의 빌미를 줄 수 있는 말이나 글을 남기는

---

10 장희종, 『주의 날개아래』, 195 참조.

것은 그리스도인으로서 부적절합니다. 우리는 자신이 아니라 하나님을 위해 사는 사람들이므로 아무리 스스로 떳떳하더라도 하나님의 이름에 조금이라도 누가 되는 행동이나 말일 것 같으면 조심하고 자제하며 피해야 합니다. 이것이 바로 건덕의 원리입니다.

상대방의 처지를 배려한 보아스

15절에 보면 보아스는 룻을 빈손으로 가게 하지 않고 보리 여섯 됫박을 퍼 담아 들고 가게 합니다. 이 행동은 두 가지 의미가 있습니다.

첫째, 보아스 자신의 말이 확실하다는 증표입니다. 룻이 아무것도 없이 그냥 돌아간다면 불안해 할 수도 있습니다. 나오미에게도 말로 설명하는 것 말고는 다른 것을 제시할 수 없을 테니까요. 그러나 보아스가 준 보리가 그의 말을 확증해 줄 것입니다.

둘째, 가난한 사람의 처지를 이해한 것입니다. 보아스는 가난한 사람의 마음을 누구보다 잘 이해합니다. 아무래도 빈손으로 보내지 않고 뭔가를 들려서 보내면 마음이 훈

훈해집니다.

　이런 점에서 보아스는 예수 그리스도의 모습을 잘 드러내고 있습니다. 히브리서 2장 18절은 이렇게 말합니다. "그가 시험을 받아 고난을 당하셨은즉 시험 받는 자들을 능히 도우실 수 있느니라." 또 고린도후서 8장 9절은 이렇게 말합니다. "우리 주 예수 그리스도의 은혜를 너희가 알거니와 부요하신 이로서 너희를 위하여 가난하게 되심은 그의 가난함으로 말미암아 너희를 부요하게 하려 하심이라." 예수님은 우리의 연약함을 직접 체휼하고 아시는 분입니다. 그래서 언제나 우리에게 큰 위로와 힘이 됩니다. 예수님은 우리의 수준에서 우리를 위로하십니다. 그 위로가 우리의 신앙에 큰 확신을 줍니다. 또한 예수님은 우리를 위해 직접 자신을 낮추시고 우리를 부요하게 해주십니다. 예수님 덕분에 우리는 영적으로 배부르게 됩니다.

그 사람이 오늘 이 일을 성취하기 전에는 쉬지 아니하리라

16절 이하를 보면, 룻은 시어머니 나오미에게 가서 모든 일을 보고합니다. 나오미는 크게 기뻐하면서도 "내 딸아 이 사건이 어떻게 될지 알기까지 앉아 있으라 그 사람이 오늘 이 일을 성취하기 전에는 쉬지 아니하리라"(18절)고 대답합니다. 그들의 믿음의 결단과 행동이 그대로 적중한 것입니다. "그 사람이 오늘 이 일을 성취하기 전에는 쉬지 아니하리라"는 말은 하나님의 열심이 보아스를 통해 나타날 것이라는 믿음의 고백입니다.

이것이 신앙인이 누리는 비밀이며 은혜입니다. 내 뜻대로 하지 않고 하나님의 뜻대로 했더니 하나님께서 다 일이 되도록 해주시는 것입니다. 그럴 때 나 혼자 힘으로 노력해서 얻은 것보다 더욱 큰 결과가 돌아옵니다. 상상 이상의 결과입니다. 고린도전서 2장 9절에서 바울은 이렇게 고백합니다. "기록된 바 하나님이 자기를 사랑하는 자들을 위하여 예비하신 모든 것은 눈으로 보지 못하고 귀로 듣지 못하고 사람의 마음으로 생각하지도 못하였다 함과 같으니라." 찰스 스펄전은 이렇게 말했습니다. "창조주께로 곧장 나아가라. 그리고 하나님 안에서 모든 것을 발견하라."[11]

---

11   C. H. Spurgeon, "'A Little Sanctuary,'" in *The Metropolitan Tabernacle Pulpit Sermons*, vol. 34 (London: Passmore & Alabaster, 1888), 12: "사

나오미와 룻이 하나님께 모든 것을 맡기고 행했더니, 하나님께서 보아스를 통해 가장 경건하고 지혜롭게 또한 가장 큰 인애로 일을 처리하시는 것을 목도하게 되었습니다. 우리는 이런 믿음의 삶을 사모해야 합니다. 하나님께 모든 것을 걸 때, 하나님께서 우리의 모든 것이 되어 주십니다.

방으로 터진 웅덩이들에 왜 당신의 시간을 허비하는가? 당신의 창조주께로 곧장 나아가라. 그리하면 그분 안에서 당신의 모든 것을 찾을 수 있다." 또 다른 문장으로 다음을 참조하라. C. H. Spurgeon, "Self-Destroyed, Yet Saved," in *The Metropolitan Tabernacle Pulpit Sermons*, vol. 41 (London: Passmore & Alabaster, 1895), 384: "만일 주님이 당신을 선택하셨다면, 그분은 당신이 그분 없이 살도록 내버려두시기보다 차라리 당신에게 표범과 사자처럼 행하실 것이다. 그러니 당신은 그분 안에서 당신의 모든 것을 찾아야 하며 또한 그렇게 될 것이다."

○ 묵상 질문

1. 나오미는 룻에게 위험한 계획을 지시합니다. 그 계획은 어떤 점에서 위험했습니까?(1-4절)
2. 보아스와 같은 자리에 누운 룻의 심경을 한번 상상해 봅시다. 룻은 어떤 생각이 들었을까요?(5-9절)
3. 룻의 말을 들은 보아스는 어떻게 반응합니까?(10-11절) 그는 룻의 행동을 어떻게 이해했습니까?
4. 보아스의 행동에서 배울 점은 무엇입니까?(12-15절)
5. 보아스의 행동을 본받아 교회는 어떤 일을 실천할 수 있을까요?

○ 함께 기도

1. 내 생각이 아니라 하나님의 말씀에 근거하여 살아가는 인생이 되게 하소서.
2. 하나님의 옷자락 아래서 보호를 받고 인생의 어려움을 이겨 내게 하소서.
3. 선한 일을 선한 목적과 방법으로 행하여 덕을 세우는 사람이 되게 하소서.

○ 찬송

15장 하나님의 크신 사랑
370장 주 안에 있는 나에게

8
내 믿음이
하나님의 역사에
연결될 때

룻기 4:1-15

¹ 보아스가 성문으로 올라가서 거기 앉아 있더니 마침 보아스가 말하던 기업 무를 자가 지나가는지라 보아스가 그에게 이르되 아무개여 이리로 와서 앉으라 하니 그가 와서 앉으매 ² 보아스가 그 성읍 장로 열 명을 청하여 이르되 당신들은 여기 앉으라 하니 그들이 앉으매 ³ 보아스가 그 기업 무를 자에게 이르되 모압 지방에서 돌아온 나오미가 우리 형제 엘리멜렉의 소유지를 팔려 하므로 ⁴ 내가 여기 앉은 이들과 내 백성의 장로들 앞에서 그것을 사라고 네게 말하여 알게 하려 하였노라 만일 네가 무르려면 무르려니와 만일 네가 무르지 아니하려거든 내게 고하여 알게 하라 네 다음은 나요 그 외에는 무를 자가 없느니라 하니 그가 이르되 내가 무르리라 하는지라 ⁵ 보아스가 이르되 네가 나오미의 손에서 그 밭을 사는 날에 곧 죽은 자의 아내 모압 여인 룻에게서 사서 그 죽은 자의 기업을 그의 이름으로 세워야 할지니라 하니 ⁶ 그 기업 무를 자가 이르되 나는 내 기업에 손해가 있을까 하여 나를 위하여 무르지 못하노니 내가 무를 것을 네가 무르라 나는 무르지 못하겠노라 하는지라 ⁷ 옛적 이스라엘 중에는 모든 것을 무르거나 교환하는 일을 확정하기 위하여 사람이 그의 신을 벗어 그의 이웃에게 주더니 이것이 이스라엘 중에 증명하는 전례가 된지라 ⁸ 이

"오늘"이 일을 성취하기 전에는 쉬지 아니할 것이라고 확신을 가지고 말합니다. 기도는 길지만 응답은 한순간입니다. 그동안 나오미와 룻이 함께 기도해 온 기도제목들을 하나님께서 '오늘 하루'에 다 응답해 주십니다. '하루'는 그만큼 중요합니다. 디트리히 본회퍼는 "하나님은 태초에 하루를 창조하신다"라고 설파했습니다.[2] 하나님의 하루는 빛을, 태양계를, 동물과 식물을 창조하실 수 있는 시간이며, 우리의 긴 기도를 한번에 응답하여 이루어 주실 수 있는 시간입니다.

보아스가 경험한 '때마침'

보아스는 하나님께서 기도 응답을 주시는 하루를 매우 일찍 시작하고 있습니다. 그는 지체하지 않고 곧장 성문으로 올라가서 거기에 앉습니다(1절). 이는 그가 집으로 가지 않고 바로 성문으로 갔다는 의미입니다. '성문에 올라가다'라

---

[2] 디트리히 본회퍼, 『창조와 타락: 창세기 1-3장의 신학적 주석』, 김순현 역 (복있는사람, 2019), 54.

는 말은 법정 용어입니다.[3] 공적인 재판을 열려고 한다는 뜻입니다. 고대 이스라엘 사회에서 '성문'은 장로들이 모임을 가지고 중요한 결정을 내리는 곳입니다.

보아스는 아직 장로들이 모여들지 않은 이른 아침부터 성문에 올라가 법정을 열기 위해 준비하고 있습니다. 구약 시대에 장로는 두 가지 중요한 일을 맡았습니다. 하나는 '지도'하는 것이고, 다른 하나는 '재판'하는 것입니다.[4] 보아스는 지금 장로들에게 두 번째 역할, 즉 재판관으로서 판결 내리기를 기대합니다.[5]

그런데 그 이른 아침에 '마침' 보아스가 말하던 기업 무를 자가 지나가고 있습니다. 여기에 '마침'(힌네)이라는 단어가 또 나오고 있습니다. 우리 인간에게는 우연처럼 보이

---

[3] Block, *Judges, Ruth*, 704.
[4] 코넬리스 반 담, 『성경에서 가르치는 장로』, 김헌순, 양태진 역(성약, 2012), 20.
[5] 고대 근동지방의 여러 국가에서 장로들이 판단하는 일은 흔했다. 당시에는 오늘날과 같은 사법제도가 없었기 때문에 사람들 사이의 분쟁은 일차적으로 가정의 지도자가 맡았고, 보다 큰 사건은 부족이나 씨족의 지도자가 맡았다. 나중에 왕정이 결정된 다음에는, 가장이나 부족장이 쉽게 판단할 수 없는 어려운 문제나 아주 중요한 사안은 왕이 직접 판결했다(왕상 3:16-28의 솔로몬 재판). 고대 지중해 연안 국가와 사회에서의 재판 과정과 정의의 실현 문제에 대해서는 다음의 졸고와 그에 실린 참고문헌들을 참조하라. 우병훈, "헤시오도스의 디케(DIKH) 개념과 고대 근동의 정의 개념 비교 연구", 『서양고전학연구』, 제24권(2005): 1-29.

는 일들이, 그래서 깜짝 놀라게 되는 일들이 하나님에게는 섭리 속에서 이루어지는 일입니다.[6] 2장에서 룻이 그저 먹먹하게 절망에 잠겨 있지 않고 이삭을 주으러 밭에 나간 그때에 '우연히' 보아스를 만났습니다. 그와 같이 4장에서 보아스가 일을 처리하기 위해 성문으로 올라가 기다리고 있는데, '마침' 기업 무를 권리가 있는 자가 지나갑니다.

3장 13절에서 보아스는 여호와의 살아 계심을 두고 맹세하면서 자신이 기업 무를 자의 책임을 룻에게 이행해 주겠다고 했습니다. 성경에 하나님의 이름이 많이 나오지만 특별히 '여호와'는 언약에 신실하신 하나님을 가리킬 때 사용하는 이름입니다. 보아스가 언약에 신실하신 하나님의 이름을 걸고 맹세하자, 하나님 역시 언약에 신실한 보아스를 도우십니다.[7] 3장 18절에서 나오미는 룻에게 "그 사람이 오늘 이 일을 성취하기 전에는 쉬지 아니하리라"고 말지만, 사실 쉬지 않는 이는 보아스가 아니라 하나님이십니다.

---

6   Block, *Judges, Ruth*, 705.
7   Block, *Judges, Ruth*, 705.

기업 무르는 일을 절차대로 진행한 보아스

보아스는 "아무개여 이리로 와서 앉으라"(1절) 하면서 그 사람을 재판 과정에 동참시킵니다.[8] 그리고 "성읍 장로 열 명"을 청합니다(2절). 공적인 재판 과정을 통해 일을 정확하게 처리하려는 것입니다.[9]

여기에 나오는 이 제도는 앞에서 설명한 것처럼 이스라엘 백성들에게 주어진 레위기 및 신명기 율법과 관련되어 있습니다. 엘리멜렉이 죽고 그의 땅은 이미 다른 사람의 소유가 되었습니다. 이 상황에서 룻은 보아스에게 엘리멜렉의 기업 무를 자가 되어 달라고 부탁합니다(룻 3:9). 하지만 보아스는 자신보다 엘리멜렉에 더 가까운 친족이 기업 무를 자로 있다는 사실을 알고 있습니다. 그래서 그에게 먼저 기회를 줍니다. 보아스는 율법에 따라 일을 아주 질서 있게 처리하고 있습니다. 그는 기업 무를 권리가 있

---

[8] "아무개여"라는 말은 히브리어로 '펠로니 알모니'이고, 그 의미는 정확히 알 수 없어 영어로 다양하게 번역되고 있다. 우리말 "아무개"는 적절한 번역어로 생각된다.

[9] 고고학적 발견에 따르면 기원전 10세기의 베들레헴 성문은 약 12명 정도가 올라가 앉을 수 있었다. Block, *Judges, Ruth*, 707.

는 아무개에게 이렇게 말합니다.

> ³ …모압 지방에서 돌아온 나오미가 우리 형제 엘리멜렉의 소유지를 팔려 하므로 ⁴ 내가 여기 앉은 이들과 내 백성의 장로들 앞에서 그것을 사라고 네게 말하여 알게 하려 하였노라 만일 네가 무르려면 무르려니와 만일 네가 무르지 아니하려거든 내게 고하여 알게 하라 네 다음은 나요 그 외에는 무를 자가 없느니라(3-4절).

보아스의 말은 오늘날 법정에서 하는 '소장 진술'과 같습니다.[10] 여기서 우리는 몇 가지 정보를 얻습니다. 첫째, 그 아무개는 보아스와 마찬가지로 엘리멜렉의 형제 곧 아주 가까운 남자 친척이라는 점입니다. 둘째, 나오미가 엘리멜렉의 소유지를 '팔려고 한다'는 점입니다. 여기서 사용된 단어(마카르)는 '팔다'보다는 '넘겨주다'로 번역하는 것이 더 좋습니다.[11] 나오미는 지금 남편의 땅을 대신 가질

---

10   Block, *Judges, Ruth*, 708. 법률 전문가에 따르면 '이행최고'(履行催告)라고 부르는 것이 가장 적합하다고 한다. "상대방이 이행해야 할 의무를 알려주고, 그 일을 하지 않으면 내가 어떻게 하겠다는 것"이다.

11   Block, *Judges, Ruth*, 709-710.

기업 무를 사람을 찾고 있습니다. 셋째, 그 아무개가 거부하면 다음 차례는 보아스라는 점입니다.

아무개의 결정

보아스의 긴 소장(36개의 단어)[12] 낭독을 들은 그 아무개[13]는 "내가 무르리라"고 간단하게 답합니다(4절). 나오미와 룻이 이 재판 현장에 있었더라면, 그의 짧은 대답에 엄청 놀랐을 것입니다. 룻은 고개를 푹 숙였을 것이고, 나오미는 기절했을지도 모릅니다.

하지만 보아스는 침착하게 다음 단계로 넘어갑니다. 그는 이 일이 단지 엘리멜렉의 재산과 관련된 일이 아니라는 사실을 상기시켜 줍니다.

네가 나오미의 손에서 그 밭을 사는 날에 곧 죽은 자의 아내

---

12 Block, *Judges, Ruth*, 704.
13 그 사람의 이름이 기록되지 않은 것은 상징적이다. 그는 율법을 어기지는 않았지만 율법의 핵심 정신, 즉 이웃을 사랑하는 마음은 놓친 사람이다. 대니얼 블록이 지적하는 것처럼, 그는 오르바가 룻의 짝(foil)을 이룬 것처럼 여기서 보아스와 짝을 이루는 사람으로서, 보아스의 탁월함을 더 분명하게 보여 주는 역할을 한다. Block, *Judges, Ruth*, 707.

모압 여인 룻에게서 사서 그 죽은 자의 기업을 그의 이름으로 세워야 할지니라(5절).

엘리멜렉의 기업 무를 자는 세 가지 일을 해야 합니다.[14] 우선, 엘리멜렉의 땅을 자기 소유로 삼아야 합니다. 그리고 나오미를 봉양해야 합니다. 무엇보다 룻과 결혼하여 자녀를 낳아 엘리멜렉의 땅을 그 아이에게 상속해 주어야 합니다. 이에 그 아무개는 솔직하게 말합니다.

나는 내 기업에 손해가 있을까 하여 나를 위하여 무르지 못하노니 내가 무를 것을 네가 무르라 나는 무르지 못하겠노라(6절).

여기서 그 사람이 자기 기업에 손해가 생길 수 있다고 본 것은 몇 가지 계산 끝에 나온 결론입니다. 첫째, 그는 엘리멜렉의 밭을 회복시켜 주어야 하는데, 그렇게 하고 나

---

14 그 사람에게 주어진 네 가지 선택지에 대해서는 Block, *Judges, Ruth*, 716 이하를 보라. 그러나 블록의 설명은 너무 상세하고 분석적이다. 성경 기록이 암시하듯이, 단순히 그는 자신이 그 땅을 손해 없이 자기 소유로 삼을 수 있는가 아닌가를 생각했을 것이다.

서도 그 밭이 자기 소유가 될 수 없음을 알고 있습니다. 둘째, 그는 나오미와 룻을 보살펴 주어야 하는데 이 또한 돈이 드는 일입니다. 셋째, 만일 룻이 아들을 낳는다면 그 아들이 그의 소유(의 일부)까지 다 상속할 수도 있게 됩니다.[15] 그는 이러한 위험성을 감수하기 싫었습니다. 그래서 기업 무를 권리 혹은 책임을 보아스에게 양도합니다. 아무개는 결국 하나님의 역사에 이름을 남기지 못한 채 저 뒤편으로 사라지고 맙니다. 그는 잇속에 따라 율법을 지키고자 했지 사랑의 관점에서는 율법을 이해하지 못했습니다. 아마도 그는 잇속 계산에만 밝은 사사시대의 세속적인 사람이었을 것 같습니다.[16]

당시의 관습 소개

이제 기회는 보아스에게 돌아왔습니다. 여기서 룻기의 기자는 잠시 사건에 개입하여 당시 관습에 대해 설명합니다.

---

15 Block, *Judges, Ruth*, 716-717에 나오는 설명을 좀 더 이해하기 쉽고 개연성 있게 수정했다.
16 이규현, 『내 인생에 찾아온 헤세드』, 218에서 그렇게 평가한다.

신명기 25장에서는 기업 무르는 일을 해야 하는 자가 그 의무를 다하지 않으면 수치를 당했습니다.[17] 그런데 여기 룻기에 기록된 관습은 그것과 다릅니다. 본문의 아무개와 보아스 모두 엘리멜렉의 친형제는 아닌 것 같습니다. 그러므로 본문에서 소개하는 관습은 7절에서 보듯이 "모든 것을 무르거나 교환하는 일을 확정하기" 위한 것입니다.

> 7 옛적 이스라엘 중에는 모든 것을 무르거나 교환하는 일을 확정하기 위하여 사람이 그의 신을 벗어 그의 이웃에게 주더니 이것이 이스라엘 중에 증명하는 전례가 된지라 8 이에 그 기업 무를 자가 보아스에게 이르되 네가 너를 위하여 사라 하고 그의 신을 벗는지라[18] (7-8절).

[17] "7 그러나 그 사람이 만일 그 형제의 아내 맞이하기를 즐겨하지 아니하면 그 형제의 아내는 그 성문으로 장로들에게로 나아가서 말하기를 내 남편의 형제가 그의 형제의 이름을 이스라엘 중에 잇기를 싫어하여 남편의 형제 된 의무를 내게 행하지 아니하나이다 할 것이요 8 그 성읍 장로들은 그를 불러다가 말할 것이며 그가 이미 정한 뜻대로 말하기를 내가 그 여자를 맞이하기를 즐겨하지 아니하노라 하면 9 그의 형제의 아내가 장로들 앞에서 그에게 나아가서 그의 발에서 신을 벗기고 그의 얼굴에 침을 뱉으며 이르기를 그의 형제의 집을 세우기를 즐겨 아니하는 자에게는 이같이 할 것이라 하고 10 이스라엘 중에서 그의 이름을 신 벗김 받은 자의 집이라 부를 것이니라"(신 25:7-10).

[18] 기록자의 개입은 룻기가 이 관습이 사람들 사이에서 잊힌 시점에 기록된 것임을 암시한다. 아니면 룻기가 기록된 이후에 후대 사람이 이 관습

신발은 개인의 소유를 상징합니다. 신발을 벗어서 보아스에게 내주는 것은 소유를 양도한다는 뜻입니다.

성읍 장로들의 축복

아무개의 신발까지 받은 보아스는 이제 엘리멜렉의 기업을 무를 자로 확정되었습니다. 9절부터 10절에서 그는 오늘의 이 재판이 법적으로 결정되었고 변개할 수 없음을 증인들을 불러 확정짓습니다. 이것은 일종의 '판결문 낭독'과 같습니다. 11절과 12절에서 장로들과 백성들은 보아스를 축복해 주었습니다.

> ¹¹ 성문에 있는 모든 백성과 장로들이 이르되 우리가 증인이 되나니 여호와께서 네 집에 들어가는 여인으로 이스라엘의 집을 세운 라헬과 레아 두 사람과 같게 하시고 네가 에브랏에서 유력하고 베들레헴에서 유명하게 하시기를 원하며 ¹² 여호

만 설명하기 위해 덧붙인 것이라고도 볼 수도 있으나, 학자들은 룻기가 기록될 때 함께 기록된 것으로 본다. Block, *Judges, Ruth*, 717; Bush, *Ruth, Esther*, 233도 참조하라.

와께서 이 젊은 여자로 말미암아 네게 상속자를 주사 네 집이 다말이 유다에게 낳아 준 베레스의 집과 같게 하시기를 원하노라 하니라.

이 축복은 세 가지로 구성되어 있습니다. 첫째는 룻이 자녀를 낳아서 "이스라엘의 집을 세운 라헬과 레아 두 사람과 같게" 되기를 원한다는 것입니다. 라헬과 레아는 이스라엘 열두 지파의 시조를 낳은 여인들입니다(창 29-31장). 특히 하나님은 라헬의 닫힌 태를 열어 그녀에게 자녀를 주셨습니다. 그와 같이 장로들은 이제 하나님께서 룻의 닫힌 태를 열어 자녀를 주시고 이스라엘의 역사를 새롭게 펼쳐가기를 원한다고 축복합니다.

둘째는 보아스가 "에브랏에서 유력하고 베들레헴에서 유명하게" 하시기를 원한다는 것입니다. 에브랏은 베들레헴을 포함한 더 넓은 지역입니다(1:2).[19] 이는 그가 베들레헴뿐 아니라 그 전체 지역에서 유명해지는 것을 말합니다.

셋째는 보아스의 집이 다말이 유다에게 낳아 준 베레

---

19 Block, *Judges, Ruth*, 625.

스의 집과 같게 하시기를 원한다는 것입니다. 이것은 창세기 38장에 나오는 사건을 가리킵니다. 거기서도 다말은 전형적이지는 않지만 수혼 제도를 통해 가계를 이어갈 수 있었습니다.[20] 다말이 낳은 아들들은 베레스와 세라 쌍둥이 형제였습니다(창 38:27-30). 이 축복 문구에서 베레스만 언급한 까닭은 베레스가 베들레헴에 사는 보아스 친족의 조상이기 때문입니다.[21]

하나님은 다말이 행한 부끄러운 일도 사용하시고, 룻이 모압 출신이라는 배경도 사용하여 장차 메시아가 오게 하셨습니다. 하나님은 인간의 부끄러운 역사를 사용하여 오히려 더 광채가 나게 하십니다.[22]

룻의 출산과 여인들의 찬송

장로들의 축복은 얼마 지나지 않아 성취되었습니다. "이에 보아스가 룻을 맞이하여 아내로 삼고 그에게 들어갔더니

---

20 Block, *Judges, Ruth*, 723-724.
21 Block, *Judges, Ruth*, 724.
22 이규현, 『내 인생에 찾아온 헤세드』, 234-235.

여호와께서 그에게 임신하게 하시므로 그가 아들을 낳은 지라"(13절). 말론과 결혼했지만 자식 없었던 룻의 태를 하나님께서 열어 주셨습니다.

그러자 여인들이 나오미 앞에 나와서 찬송합니다. 14절에 보면 여인들은 나오미에게 "기업 무를 자"를 주신 하나님을 찬양합니다. 나오미는 이제 텅텅 빈 자가 아닙니다. "기업 무를 자"를 만나서 이 세상에서 분깃을 갖게 되었습니다. "기업 무를 자"는 처음에는 보아스였지만, 이제 그의 아들인 오벳이기도 합니다.

그래서 여인들은 룻이 낳은 아들의 이름이 이스라엘 중에 유명하게 되기를 원한다고 말합니다. 이 아들의 이름과 함께 나오미 역시 널리 회자될 것입니다. 이 아들은 나오미의 "생명의 회복자"이며 "노년의 봉양자"입니다. 이제 나오미는 앞으로 살 날에 대해 걱정할 필요가 없습니다. 무엇보다 룻이 나오미를 늘 곁에서 봉양할 것입니다. 나오미에게 룻은 '그녀를 사랑하며 일곱 아들보다 귀한 며느리'입니다.

내 믿음의 반응이 하나님의 역사에 연결될 때

앞서 나온 장로들의 축복과 여기 나온 여인들의 축복은 창세기 12장에서 하나님께서 아브라함에게 주셨던 다섯 가지 약속과 관련됩니다. 그것은 땅, 자손, 명성, 관계, 복의 근원에 대한 약속입니다. 나오미는 보아스를 통해 땅을 얻었습니다. 룻은 보아스와 결혼하여 자손을 낳았습니다. 그들의 자손 가운데서 장차 다윗 왕이 태어날 것입니다. 그리하여 그들은 명성을 얻습니다. 하나님과 놀라운 관계 속에서 세상에 복을 전달하는 복의 근원이 됩니다.

이처럼 하나님은 그분의 말씀에 순종하여 헤세드의 사랑을 보여 주며, 율법의 정신을 이어 가는 자들에게 아브라함에게 약속하신 복을 주십니다. 우리 믿음의 반응이 하나님의 구원 역사 드라마에 연결될 때 놀라운 일이 일어납니다. 구속 역사에서 하나님은 아브라함과 다윗의 자손인 그리스도가 오도록 일하셨습니다. 아브라함과 다윗의 자손들은 말씀에 순종하여 헤세드의 사랑을 보여 주었습니다. 그 절정은 그리스도의 헤세드에서 가장 극명하게 드러났습니다.

헤세드의 실천과 그에 따르는 성경의 약속은 지금도 유효합니다. 그렇기에 성경을 읽으면 언제나 가슴 뛰는 감동이 일어납니다. 그때 그곳의 이야기가 지금 내게도 펼쳐질 수 있기 때문입니다. 우리가 힘든 시대를 살아가지만 그럴수록 더욱 헤세드의 사랑을 실천할 때, 성경이 제시하는 구원 드라마의 주인공이 될 수 있습니다.

○ 묵상 질문

1. 보아스가 룻의 일을 처리하기 위해 성문에 올라갔을 때, "마침" 기업 무를 자가 지나갔습니다. 이처럼 우리 삶에서 놀랍게 때마침 하나님께서 역사하신 일들이 있다면 나눠 봅시다.
2. 기업 무르는 일을 처리하는 보아스의 모습에서 어떤 교훈을 얻을 수 있습니까?(1-12절)
3. 보아스는 어떤 점에서 장차 오실 그리스도의 모습을 넌지시 보여줍니까?
4. '아무개'의 결정을 미루어보아 그는 어떤 사람입니까? 그는 어떤 점에서 이 세대 사람들과 닮았습니까? 교회 안에서도 그런 모습이 있다면 나눠 봅시다.
5. 장로들의 축복과 여인들의 찬송은 어떤 내용이며 어떻게 이루어집니까?(11-12, 14-15절)

○ 함께 기도

1. 우리 삶 가운데 항상 역사하시는 하나님을 믿게 하소서.
2. 보아스처럼 선한 목적을 선한 방법으로 이루게 하소서.
3. 개인의 안일과 사리사욕을 따라 행하지 않고, 하나님 나라의 큰 그림을 바라보면서 행하는 신자가 되게 하소서.
4. 언약에 신실하신 하나님을 찬양합니다. 제 삶에서도 아브라함에게 주신 약속과 유업이 이루어지게 하소서.

○ 찬송

484장 내 맘의 주여 소망 되소서
445장 태산을 넘어 험곡에 가도

9
쉬지 않으시는 하나님

룻기 4:16-22

¹⁶ 나오미가 아기를 받아 품에 품고 그의 양육자가 되니 ¹⁷ 그의 이웃 여인들이 그에게 이름을 지어 주되 나오미에게 아들이 태어났다 하여 그의 이름을 오벳이라 했는데 그는 다윗의 아버지인 이새의 아버지였더라 ¹⁸ 베레스의 계보는 이러하니라 베레스는 헤스론을 낳고 ¹⁹ 헤스론은 람을 낳았고 람은 암미나답을 낳았고 ²⁰ 암미나답은 나손을 낳았고 나손은 살몬을 낳았고 ²¹ 살몬은 보아스를 낳았고 보아스는 오벳을 낳았고 ²² 오벳은 이새를 낳고 이새는 다윗을 낳았더라.

성경의 족보

성경에서 족보는 여러 가지 역할을 하지만 대체로 긴 역사를 요약하는 기능을 합니다. 룻기는 제일 마지막에 족보가 나옵니다. 룻기 1장이 '죽고, 죽고, 죽고'의 역사였다면, 4장은 '낳고, 낳고, 낳고'의 역사로 마무리 됩니다. 그 족보는 다윗에서 끝나면서 신약성경의 마태복음 1장과 기막히게 연결됩니다.

아브라함과 다윗의 자손 예수 그리스도의 계보라(마 1:1).

아브라함의 믿음을 가졌던 룻은 아브라함의 언약 속으로 편입되어 다윗 왕가의 조상 중 한 명이 되었습니다. 그리하여 룻은 아브라함 언약에서 다윗 언약으로 넘어가는 길목에서 중요한 역할을 하는 믿음의 사람이 되었습니다. 룻기 기자는 한 여인의 구원에서 시작하여 이스라엘 백성들의 구원으로 한껏 발돋움하며 룻기를 마무리짓습니다.

나오미의 아들 오벳

16절에 보니 나오미가 아기를 키웁니다. 17절에는 그 아이의 이름을 오벳이라고 부르며, 그가 나오미의 아들이라고 말합니다. 이것은 법적인 족보를 뜻합니다. 이스라엘 백성들은 생물학적인 족보뿐 아니라 법적인 족보를 중요하게 생각했습니다. 오벳이라는 이름은 '섬기는 자'라는 의미입니다. 하나님을 잘 섬기는 자가 되라는 뜻에서 그런 이름을 붙여 주었을 것입니다.

더 중요하게는, 17절에서 오벳을 "다윗의 아버지인 이새의 아버지"라고 소개하고 있습니다. 보아스와 룻의 결합으로 태어난 자(13절)는 이스라엘의 위대한 왕의 조상이 될 것입니다. 그 위대한 왕은 바로 다윗입니다.

나오미와 룻의 입장에서 보면, 삶의 밑바닥으로 떨어진 그들을 하나님께서 건져 주신 것이 가장 중요한 일일 테지요. 그러나 룻과 보아스의 이야기를 전하는 기록자의 관점에서는, 그들이 다윗 왕의 조상이 되었다는 사실이 가장 중요할 것입니다. 그래서 그는 18-22절의 족보를 넣으며 이야기를 마무리짓습니다.

[18] 베레스의 계보는 이러하니라 베레스는 헤스론을 낳고 [19] 헤스론은 람을 낳았고 람은 암미나답을 낳았고 [20] 암미나답은 나손을 낳았고 나손은 살몬을 낳았고 [21] 살몬은 보아스를 낳았고 보아스는 오벳을 낳았고[1] [22] 오벳은 이새를 낳고 이새는

---

1   여기에서 오벳이 엘리멜렉의 계보가 아니라 보아스의 계보를 잇는 것으로 표현된 것을 두 가지 이유로 생각해 볼 수 있다. 1) 고엘 제도의 특징 때문이다. 보아스가 고엘이 되었기 때문에 엘리멜렉의 모든 권위와 책임이 보아스에게 공식적으로 넘어갔다. 그래서 엘리멜렉 대신에 보아스의 이름만 언급되고 있다. 2) 공식적 족보 기록의 특징 때문이다. 고대의 족보는 역사를 축약하여 보여 주는 기능을 했다. 족보 기록 방식에는 두 가지가 있었다. 첫째는 공통 조상에서 나오는 가족, 씨족, 부족, 나라를 열거하는 방식이다. 둘째는 끝에 중요한 인물을 배치하고 그 인물의 법적인 계보를 추적

다윗을 낳았더라.

사사시대와 같이 암울한 시대에도 하나님은 룻과 보아스 같은 믿음의 사람을 예비하셨고, 그들을 통해 다윗 왕이 태어나도록 역사하셨습니다. 룻기 기자는 그 사실이 너무나 중요하기에 이 책의 마지막에 룻과 보아스가 다윗의 조상이 되었다는 사실을 명시하고 있습니다.[2] 신약시대를 살고 있는 우리의 관점에서 보자면, 그보다 더 중요한 사실이 있습니다. 그것은 다윗의 가계에서 예수 그리스도가 오신 것입니다.[3] 사사시대와 같이 험악한 세상 속에서도 하나님은 여전히 일하시며 메시아가 올 길을 예비하셨

해서 적는 방식이다. 룻기 4:18-22의 족보는 두 번째 방식을 따랐기 때문에 엘리멜렉이 아니라 보아스의 이름이 적혀 있다. 각각의 방식에 대해서는 Block, *Judges, Ruth*, 720과 733을 보라.

2 Block, *Judges, Ruth*, 736: "이 책과 이 족보는 사사들의 어두운 시대에도 선택된 계보가 보존됨을 보여 준다. 그것은 구원자나 왕의 영웅적인 위업을 통해서가 하나님의 선하신 손을 통해서였다. 하나님은 선한 자들에게 모든 상상을 뛰어넘는 충만함으로 보상하시는 분이다."

3 히에로니무스(=제롬) 역시 이사야 16:1의 주석에서 보아스를 통해 그리스도가 오셨음을 강조했다. John Peter Lange et al., *A Commentary on the Holy Scriptures: Ruth* (Bellingham, WA: Logos Bible Software, 2008), 53: "오, 모압이여! 그대로부터 세상 죄를 지고 가시는 흠없는 어린양이 나오실 것이며, 그분은 온 세상을 다스리실 것이다. 광야의 바위에서, 즉 남편이 죽고 과부가 된 룻으로부터, 그리고 보아스로부터…다윗이…그리고 그리스도께서 오셨다."

습니다. 하나님은 그렇게 일하십니다.

쉬지 않으시는 하나님

오늘날도 마찬가지입니다. 어려운 일이 많고 살기 힘든 시대이지만 이때에도 하나님은 여전히 일하십니다. 보아스가 룻을 아내로 삼고 나오미의 기업을 무르기 위해 쉬지 않았던 것처럼, 하나님은 지금도 쉬지 않고 우리 가운데서 일하고 계십니다.

우리는 그 사실을 알고 있습니다. 이미 예수님께서 우리의 기업 무를 자, '고엘'이 되어 주셨습니다. 주님은 이 세상에서 모든 것을 잃고 아무런 희망도 없는 우리를 찾아와 하나님 나라의 기업을 잇게 해주셨습니다. 주님의 핏값으로 우리를 사셨습니다. 주님은 우리를 결코 포기하지 않으십니다. 우리의 삶 가운데서 동행하시고 우리를 도와주십니다.

룻기는 흉년과 장례식으로 시작되었습니다. 그러나 그 마지막은 풍성한 수확과 결혼식으로 끝납니다. 극심한 고통과 고난 가운데서도 하나님의 날개 아래서 보호받기 위해 모압을 떠나 베들레헴으로 온 룻을 하나님께서 권념하셨습니다. 하나님은 룻과 나오미의 텅 빈 인생을 가득 채워 주셨습니다.

이것이 우리에게 큰 위로와 희망이 됩니다. 우리가 어떤 위기 속에 있더라도 주님께서 우리의 기업 무를 자가 되어 주시기 때문입니다. 룻기를 통해 이러한 영적 현실에 눈뜬다면 우리의 인생은 놀랍게 달라질 것입니다. 하나님의 놀라운 은혜를 매일 경험하게 될 것입니다. 우리 또한 이웃들에게 기업 무를 자가 되어 그들을 도와주게 될 것입니다.

구약성경이 말하는 '가난한 자'

오늘날 우리가 도와주어야 할 가난한 룻과 같은 사람들은 누구일까요? 구약시대에는 도움이 필요한 사람들을 '가난한 자들'이라고 불렀습니다. 그들은 물질적으로 가난한 자들, 힘없는 자들, 괴롭힘과 억압을 받는 자들로 나눠 볼 수

있습니다.[4]

첫째, 물질적으로 가난한 자들은 너무나 가난해서 다른 사람의 도움을 받지 않으면 살아갈 수 없는 사람들입니다. 신명기 15장에서는 희년법을 만들어 가난한 자들이 빚을 탕감받도록 했습니다(신 15:4, 24:14, 시 109:16). 성경은 가난한 자들을 돕는 것을 정의로운 행동으로 봅니다.

둘째, 힘없는 자들이란 부와 사회적 지위가 급격하게 줄어들거나 아예 소실된 사람들입니다(출 30:15, 레 14:21-22). 하나님은 그들을 특별히 돌보기를 원하십니다. 여기에는 육체적으로나 정신적으로 장애가 생긴 자들도 포함됩니다. 정신질환자와 상애인들에게 사랑을 베푸는 것은 구약성경의 관점에서 보더라도 필수적인 일입니다.

셋째, 괴롭힘과 억압을 받는 자들은 부자와 권력자들에게 협박과 착취를 당하는 사람들입니다(사 3:14, 겔 18:16-18, 암 2:7). 악인에게 고통받는 경건한 사람들도 여기에 포함됩니다(시 10:2, 사 14:32). 하나님은 그들의 기도를 들으

---

[4] 우병훈, 『기독교 윤리학』, 65-69은 구약성경에서 '가난한 자들'을 도우라는 하나님의 명령이 지니는 중요성에 대해 설명한다. 김헌수, 코넬리스 반 담, 윈스턴 후이징아, 『성경에서 가르치는 집사와 장로』(성약, 2013), 40-51에는 '가난한 자들'에 대한 반 담의 아주 자세한 분석이 나온다.

시고 응답하십니다. 따라서 언약 백성은 그들을 도와주어야 합니다.

이런 사람들을 돌볼 의무와 책임은 일차적으로 가족에게 있지만(레 25:23-28), 사회가 공적으로 이들을 돌보아야 했습니다(출 23:3, 신 16:19, 시 82:3). 왕과 국가도 가난한 자들을 돌볼 의무가 있었습니다. 솔로몬이 자신의 왕권을 위해 기도한 시편 72편의 내용을 보면 이 사실을 알 수 있습니다.[5] 만일 가정이나 사회나 국가가 가난한 자들을 돌보는 일을 잘 못하면, 그 공동체는 하나님의 언약적 징벌을 받습니다. 실제로 구약시대에 이스라엘이 포로생활을 하게 된 이유 중 하나가 가난한 사람들을 돌보지 않았기 때문이라고 성경은 말합니다(참조. 겔 16:49).[6]

---

[5] "1 [솔로몬의 시] 하나님이여 주의 판단력을 왕에게 주시고 주의 공의를 왕의 아들에게 주소서 2 그가 주의 백성을 공의로 재판하며 주의 가난한 자를 정의로 재판하리니 3 의로 말미암아 산들이 백성에게 평강을 주며 작은 산들도 그리하리로다 4 그가 가난한 백성의 억울함을 풀어 주며 궁핍한 자의 자손을 구원하며 압박하는 자를 꺾으리로다…12 그는 궁핍한 자가 부르짖을 때에 건지며 도움이 없는 가난한 자도 건지며 13 그는 가난한 자와 궁핍한 자를 불쌍히 여기며 궁핍한 자의 생명을 구원하며 14 그들의 생명을 압박과 강포에서 구원하리니 그들의 피가 그의 눈앞에서 존귀히 여김을 받으리로다"(시편 72:1-14).

[6] 김헌수, 코넬리스 반 담, 윈스턴 후이징아, 『성경에서 가르치는 집사와 장로』, 63(반 담).

구약시대에는 하나님의 백성들이 경제적으로, 사회적으로, 육체적으로, 영적으로 '가난한 사람들'을 도울 의무가 있었습니다. 오늘날 새 언약의 백성인 교회 역시 '가난한 사람들'을 도울 의무가 있습니다. 구약성경이 말하는 가난한 사람들에는 구체적으로 소농이나 소작농(출 23:11, 레 19:10, 23:22, 암 2:6-7, 8:4-6, 사 26:5-6), 고아와 과부들(출 22:22, 22:24, 신 10:18, 14:29), 거류민(이민자)과 이방인(신 10:18, 14:29, 24:14, 17-21, 겔 22:29), 외국인과 나그네(신 15:3, 23:20), 레위인(민 18:21-32, 신 12:12, 18-19)이 속했습니다. 21세기 한국 사회에도 이에 해당하는 '가난한 자들'이 있습니다. 성도는 교회 안에 그런 사람들이 있는지 살피고 도와주어야 합니다. 더 나아가 이웃과 사회 속에서 그런 사람들을 돕기 위해 노력해야 합니다.

룻기의 교훈

룻기는 작은 책이지만 오늘날 우리에게 큰 울림을 줍니다. 룻기에서 우리는 언약 신앙, 부활 신앙, 결단과 용기의 신앙, 자비의 신앙, 사랑의 신앙을 배울 수 있습니다.

첫째, 언약 신앙입니다. 아브라함에게 주신 언약을 굳게 믿었던 룻은 그 언약의 복이 이루어지는 인생이 되었습니다. 사도 바울은 그리스도에게 속한 자들은 모두 아브라함의 자손이며 약속대로 유업을 이을 자라고 말합니다(갈 3:29). 우리도 룻처럼 한때는 이방인이었으나 이제는 새 언약의 백성이 되어 아브라함의 복을 이어 가게 되었습니다. 하나님은 예수 그리스도의 새 언약 안에서 지금도 놀라운 일을 하고 계십니다. 그 사실을 믿는 사람은 새 언약에 따라 영적 유업을 이어갈 수 있습니다.

둘째, 부활 신앙입니다. 룻은 아브라함의 믿음을 이어받았습니다. 로마서 4장 17절부터 22절은 아브라함의 신앙에 대해 얘기하는데, 그중에서 가장 중요한 특징이 '죽은 자를 살리시는 하나님에 대한 신앙'입니다. 아브라함은 그러한 믿음을 아들 이삭을 낳을 때에도 가지고 있었고, 그 아들을 하나님께 바칠 때에도 가지고 있었습니다(히 11장).[7] 룻은 죽은 것 같은 자신의 삶 속에서 다시 생명을 일

---

7 히브리서는 사라와 아브라함의 믿음을 이런 관점에서 소개한다. "11 믿음으로 사라 자신도 나이가 많아 단산하였으나 잉태할 수 있는 힘을 얻었으니 이는 약속하신 이를 미쁘신 줄 알았음이라 12 이러므로 죽은 자와 같은 한 사람으로 말미암아 하늘의 허다한 별과 또 해변의 무수한 모래와 같이 많

으키시는 하나님을 바라보며 믿었습니다. 오늘날 우리 신자들이 가져야 할 가장 중요한 믿음이 바로 이 부활 신앙입니다.

셋째, 결단과 용기의 신앙입니다. 신앙은 한편으로는 철저하게 수동적입니다. 하나님의 일하심을 기대하며 그분만을 바라보기 때문입니다. 다른 한편으로 신앙은 매우 적극적이고 능동적입니다. 일하시는 하나님과 함께 우리도 일하기 때문입니다. 모압 여인 룻은 여호와 하나님을 바라보며 일생일대의 결단을 내립니다. 모압으로 돌아가지 않고 베들레헴으로 가기로 한 것입니다. 베들레헴에 와서도 룻은 큰 결단을 내립니다. 보아스의 아내가 되어 이스라엘 백성의 역사에 편입되기로 한 것입니다. 그녀의 신앙은 단지 생각과 말에서 끝나지 않고 생생한 행동으로 나타났습니다. 믿음이 결단을 요구할 때, 신자는 용기를 내어 하나님께 자신의 인생을 던질 수 있어야 합니다. 그럴

은 후손이 생육하였느니라…17 아브라함은 시험을 받을 때에 믿음으로 이삭을 드렸으니 그는 약속들을 받은 자로되 그 외아들을 드렸느니라 18 그에게 이미 말씀하시기를 네 자손이라 칭할 자는 이삭으로 말미암으리라 하셨으니 19 그가 하나님이 능히 이삭을 죽은 자 가운데서 다시 살리실 줄로 생각한지라 비유컨대 그를 죽은 자 가운데서 도로 받은 것이니라"(히 11:11-18).

때 우리는 하나님의 살아 계심을 체험하게 됩니다. 이것이 세상 사람들이 알지 못하는 믿음의 비밀입니다.

넷째, 자비의 신앙입니다. 룻의 결단은 보아스의 자비 속에서 꽃피우고 열매를 맺습니다. 시대가 척박할수록 아낌없이 주는 '헤세드'(자비)의 사랑이 더욱 필요합니다. 자비는 상대방을 긍휼히 여기는 마음에서 시작합니다. 가난한 사람들의 척박하고 비참한 삶을 나의 문제로 받아들일 수 있는 거룩한 공감력이 필요합니다. 보아스는 부족한 게 전혀 없었지만 스스로를 낮추어 자비를 베풀었습니다. 하나님은 그러한 보아스를 통해 다윗이 태어나도록 일하셨습니다.

다섯째, 사랑의 신앙입니다. 모압 여인과 결혼하는 것은 사실 율법이 금하는 일이었습니다(신 23:3). 하지만 나오미의 아들 말론은 모압 여인 룻과 결혼했습니다. 룻과 결혼하기로 택한 보아스의 경우는 상황이 다릅니다. 율법은 모압 여인과의 결혼을 반대하지만, 땅을 상실하고 자식 없이 죽은 이스라엘 남자의 대를 이어야 한다는 명령도 하고 있기 때문입니다. 두 율법 사이에 갈등이 있을 때, 보아스는 사랑의 원칙에 따라 더 중요한 일을 선택했습니다. 바울은 로마서 13장 10절에서 "사랑은 율법의 완성이니라"고 말합니다. 율법 없는 사랑은 맹목적입니다. 사랑 없는 율법은 메마른 관계만 남깁니다. 보아스는 율법을 사랑 안에서 이루었습니다. 그리하여 율법도 완성하고 사랑도 성취했습니다.

기억하십시오. 보아스보다 더 위대한 구원자 그리스도께서 오늘날 우리에게 언약 신앙, 부활 신앙, 결단과 용기의 신앙, 자비의 신앙, 사랑의 신앙을 체험하게 해주십니다. 그리스도는 언약의 머리가 되십니다. 그리스도와 우리는 부활 생명으로 연합되어 있습니다. 그리스도를 믿는 자는 성령충만한 가운데 용기 있게 결단하고 세상의 죄와 타락한 문화와 비윤리적 모습에 저항하며 살 수 있습니다. 그리스도 안에서 자비를 실천하는 사람은 물질주의 사회의 힘을 거슬러 사람들에게 영적인 세계를 보여 주고 경험하게 해줍니다. 그리스도의 사랑이야말로 우리 인생의 궁극적인 목적입니다.

우리 모두 그리스도를 붙좇아 룻과 보아스와 같이 복된 삶을 살아가기를 소망합니다.

○ 묵상 질문

1. 룻기는 다윗에 이르는 족보로 끝을 맺습니다. 이방 여인 룻은 어떻게 다윗 왕가의 조상이 될 수 있었습니까? 여기서 우리는 하나님이 어떤 분이심을 알 수 있습니까?
2. 오늘날 우리 주변의 '가난한 자들'은 누구입니까? 그들을 위해 할 수 있는 일을 찾고 나눠 봅시다.
3. 룻기 전체에서 특별히 인상 깊은 '신앙'의 모습이 있다면 얘기해 봅시다.

○ 함께 기도

1. 우리 삶 가운데서 항상 역사하시는 하나님을 믿게 하소서.
2. 룻과 나오미의 텅 빈 인생을 가득 채워 주신 하나님, 제 삶도 주님의 은혜로 채워 주소서.
3. 나의 기업 무를 자가 되어 주신 예수님을 항상 기억하면서 주님의 말씀을 붙들게 하소서.
4. 사랑이 필요한 이웃을 외면하지 않고, 저 또한 기업 무르는 자로 살게 하소서.

○ 찬송

447장 이 세상 끝날까지
517장 가난한 자 돌봐주며

참고문헌/추천도서

* 룻기 주석 중에서는 다음의 순서대로 추천한다.

Daniel Isaac Block, *Judges, Ruth*, vol. 6B, The New American Commentary (Nashville: Broadman & Holman Publishers, 1999). 대니얼 블록의 주석(NAC)은 룻기의 흐름을 잘 타고, 깊은 의미를 밝혀 주며, 말씀의 참맛을 느끼게 해준다. 주석의 모범을 보여 주는 좋은 주석이다. 이 강해에서 여러 주석을 참조했지만, 특별히 대니얼 블록의 주석을 많이 참조했다.

Robert L. Hubbard, *The Book of Ruth*, The New International Commentary on the Old Testament (Grand Rapids: Eerdmans, 1988). 로버트 허발드의 주석(NICOT)은 분량이 매우 많고 설명이 풍부하다. 다양한 해석들을 잘 정리했다.

Arthur E. Cundall and Leon Morris, *Judges and Ruth: An Introduction and Commentary*, vol. 7, Tyndale Old Testament Commentaries (Downers Grove: InterVarsity Press, 1968). 쿤달과 모리스의 주석(TOTC)은 신약의 관점에서 적절한 해석과 적용을 제공한다.

Fredric W. Bush, *Ruth, Esther*, vol. 9, Word Biblical Commentary (Dallas: Word, Incorporated, 1998). 부쉬의 주석(WBC)은 비평적 측면을 너무 많이 다루어 정작 본문을 설명하는 데는 많은 지면을 할애하지 않는 단점이 있으나, 문예적 기법과 어휘와 관련된 설명이 많다.

John R. Franke, ed., *Old Testament IV: Joshua, Judges, Ruth, 1-2 Samuel, Ancient Christian Commentary on Scripture* (Downers Grove: InterVarsity Press, 2005). 존 프랭크의 주석(ACCS)은 고대 교부들의 주석을 모아놓았다.

Robert D. Holmstedt, *Ruth: A Handbook on the Hebrew Text* (Waco: Baylor University Press, 2010). 로버트 홈스테드의 주석(BHHB)은 룻기의 히브리어 원문을 해석하는 데 가장 유용하다.

* 룻기 설교집 중에서는 다음의 책들을 추천한다.

장희종, 『주의 날개아래』(총회출판국, 2009). 작은 책이지만 구원의 역사적인 관점과 교회론적인 관점에서 룻기를 탁월하게 해석했다.

변종길, 『룻기 강해-파산한 이방 여인 룻에게 베푸는 보아스의 까닭 없는 은혜와 사랑』(말씀사, 2012). 본문의 의미를 간명하게 잘 해석하고 있다.

김서택, 『약속의 땅을 정복하라-여호수아, 룻기 강해』(솔로몬, 2014). 룻기가 성도의 삶에 어떤 신앙적 의미를 갖는지 설명한다.

이규현, 『내 인생에 찾아온 헤세드』(두란노, 2018). 성경의 고유한 결을 따라 해설하면서도 21세기의 한국 사회와 룻기를 아주 잘 연결하고 있다.